Rolf Goetz / Peter Queissert

EINFACH ANDERS ESSEN

Unser

Naturkost-

Kochbuch

pala-verlag

ISBN: 3-923176-94-5

2. Auflage 1997

Umschlagentwurf: Atelier Heine, Mühltal
Umschlagfoto: Erika Heine
Illustrationen: Margret Schneevoigt
Lektorat: Wolfgang Hertling
Druck: Fuldaer Verlagsanstalt

Dieses Buch (Innenteil und Umschlag) ist auf Recyclingpapier aus 100 % Altpapieranteilen gedruckt.

Inhaltsverzeichnis

Maße und Abkürzungen ... 4

Zur Einführung ... 6

Vom Essen an sich ... 9

Richtige Eßgewohnheiten ... 9
Vegetarisch essen ... 11
Vollwertiges Essen ... 13
Was will noch alles bedacht sein? ... 14
Die Kunst des Anrichtens ... 15

Frühstücksideen ... 17

Pikante Brotaufstriche ... 27
Süße Brotaufstriche ... 31

Rohkost & Salate ... 32

Gemüse der Saison ... 47

Die richtige Auswahl ... 48
Waschen, Putzen, Zerteilen ... 49
Kochtechniken für Gemüse ... 50

Getreidegerichte **72**
Die Getreidesorten 74

Bohnen, Erbsen & Linsen **94**

Sprossen & Keimlinge **104**
Herstellung von Sojabohnensprossen 106
Keimtabelle 109

Tofu und Tempehspezialitäten **117**

Seitan - die vegetarische Alternative **127**

Suppen, Saucen & Dips **135**

Glossar **150**

Index **152**

Die Autoren **156**

Maße und Abkürzungen

1 Tasse = 1/4 Liter
l = Liter
g = Gramm
kg = Kilogramm
MS = Messerspitze
TL = Teelöffel
EL = Eßlöffel
Bd. = Bund

Zur Einführung

Gegen eine gesunde Ernährung werden häufig zwei Argumente angeführt: sie sei teuer und zeitaufwendig. Viele Kochbücher, die vegetarische, naturbelassene und vollwertige Gerichte enthalten, bestärken dieses Vorurteil. Die meisten dieser Bücher zeichnen sich durch eine exklusive Ausstattung und damit verbunden durch einen hohen Kaufpreis aus. Und häufig ist nicht nur ihre Ausstattung aufwendig, auch die Rezepte selbst sind es. Mit halbseitigen Zutatenlisten und stundenlangen Zubereitungszeiten lassen sich zwar vorzügliche Gerichte herstellen - für den alltäglichen Gebrauch sind solche Rezepte allerdings weder praktisch noch wirtschaftlich.

Was wir mit diesem neuen Kochbuch versuchen wollen, läßt sich mit vier Stichworten umschreiben: preiswert, einfach, schnell und trotzdem vollwertig. Kochen mit Naturkost muß nicht unbedingt teuer sein. Versuchen wir den Verzehr tierischer Produkte einzuschränken oder verzichten ganz darauf, so ist bereits ein erster wesentlicher Schritt getan, die Haushaltskasse nicht übermäßig zu strapazieren. Sind wir weiter bemüht, die Zubereitung des Essens möglichst einfach zu halten und das Menü nicht durch unzählige Zutaten zu komplizieren, so kommen wir zu zusätzlichen Einsparungen. Dann fällt es leichter, qualitativ hochwertige Nahrungsmittel einzukaufen, also vollwertige, frische und möglichst naturbelassene Ware - auch wenn deren Preis teilweise erheblich höher liegt als der chemisch konservierter und industriell veränderter Lebensmittel.

Je einfacher das Kochen wird, um so konsequenter kann man sich um die Auswahl der Lebensmittel kümmern und um so schneller ist auch deren Zubereitung. Für viele Menschen ist der Tagesablauf so verplant, daß nur wenig Zeit zur Befriedigung der leiblichen Bedürfnisse verbleibt. Nach einem Acht-Stunden-Tag wird Einkaufen in der Regel zu einer in Eile verrichteten, manchmal lästigen Pflichtübung. Das Kochen selbst reduziert sich oft auf die Zubereitung von Mikrowellengerichten oder Tiefkühlkost. Fertiggerichte, Imbißbuden und Fast-Food-Ketten sind charakteristische Zeichen einer schnellebigen Zeit, in der die Art und Weise, wie wir essen, und vor allem die Qualität des Essens selbst mehr als zu kurz kommt.

Nun wird oft eingewendet, daß gerade eine vollwertige, vorwiegend getreide- und gemüsezentrierte Ernährungsweise besonders zeitaufwendig ist. Sicherlich braucht das Waschen, Putzen und Schneiden von Gemüse etwas mehr Zeit als das Öffnen einer Konservendose oder das Braten eines Steaks. Die meisten für dieses Buch ausgewählten Rezepte, von einigen Getreide- und Bohnenrezepten abgesehen, lassen sich in 30 bis 45 Minuten zubereiten. Zumindest einmal am Tag sollte man sich für die Zubereitung einer vollwertigen Hauptmahlzeit so viel Zeit nehmen. Nahrung ist nun mal ein primäres Grundbedürfnis. Sie ist für uns zugleich auch Quelle anderer Energie. Ist unser Essen ausgeglichen, vollwertig und bekömmlich, so schöpfen wir daraus die Kraft, um vielleicht auch die politischen, ökologischen und spirituellen Zeitprobleme besser angehen zu können.

Ein anderer gewichtiger Faktor, der ebenfalls nicht übersehen werden kann, ist der Zusammenhang zwischen Ernährung und Gesundheit. Rund 30 bis 40 % der heute verbreiteten Zivilisationskrankheiten sind ernährungsbedingt. Um nur einige Krankheiten zu nennen: Übergewicht, Verstopfung, Bluthochdruck, Arthritis, Diabetes, Karies und Allergien haben ihre Hauptursachen in falschen Ernährungsgewohnheiten. Der durchschnittliche Bundesbürger ißt zu viele tierische Fette und zuviel Zucker, zuviel Salz und zu viele denaturierte Lebensmittel; auf der anderen Seite nimmt er zu wenig Vitamine und Mineralstoffe und zu wenig Ballaststoffe zu sich. Allein aus gesundheitlichen Gründen ist es dringend geboten, der Auswahl und Zubereitung unserer Nahrung und auch unseren Eßgewohnheiten besondere Beachtung zu schenken.

Wir meiden konservierte, raffinierte oder anderweitig chemisch behandelte und veränderte Nahrung. Denaturierte Nahrungsmittel wie Auszugsmehle, polierter Reis, raffinierte Speiseöle, weißer Zucker oder Konserven haben in einer vollwertig orientierten Ernährungsweise keinen Platz. Die Grundlagen unserer vegetarischen Küche sind Vollkorngetreide, frisches Gemüse, Keimlinge, Bohnen und andere Hülsenfrüchte, daneben Sojaspeisen wie Tofu und Tempeh. Milchprodukte, Käse und Eier schließen wir nicht aus, verwenden sie aber sparsam.

Ernähren wir uns nach diesen Grundsätzen, erhält unser Körper alle notwendigen Nährstoffe, auch ohne den Verzehr von Fleisch.

Ein besonderes Anliegen dieses Kochbuchs ist es, über die bloße Rezeptsammlung hinaus kurz und knapp über natürliche Ernährung zu informieren. Jedes Kapitel ist mit einer kurzen Einführung versehen, in der auf die wichtigsten Charakteristika und Zubereitungsmöglichkeiten der jeweils verwendeten Nahrungsmittel hingewiesen wird. Ein Glossar am Schluß des Buches erleichtert zudem den Gebrauch dieser Rezeptsammlung, Bleibt nur noch eines zu sagen: viel Spaß beim Ausprobieren - wir wünschen ein gutes Gelingen.

Rolf Goetz & Peter Queissert

Vom Essen an sich

Glück und Gesundheit gehören nicht zu den Selbstverständlichkeiten dieser Welt. Um unsere Gesundheit zu bewahren, müssen wir Körper und Geist sorgfältig hegen und pflegen. Verspüren wir erste Anzeichen von Unausgeglichenheit, so gilt es, unsere Lebensweise zu überprüfen und gegebenenfalls zu korrigieren. Bezogen auf die Wahl unserer Nahrungsmittel und unserer Eßgewohnheiten heißt dies, zu überdenken, was wir im bisherigen Verlauf unseres Lebens so alles zu uns genommen haben.

Bekommt uns diese Nahrung? Fühlen wir uns dabei wohl? Sind wir mit der Qualität dessen, was wir essen, völlig zufrieden. Oder ist etwa doch einiges reformbedürftig?

Richtige Eßgewohnheiten

Zwischen unserer Ernährung und unserem Wohlbefinden besteht ein direkter Zusammenhang. Gehen wir den Gründen körperlichen und psychischen Unbehagens nach, so stoßen wir nicht selten auf schlechte Eßgewohnheiten. Ein überfüllter Magen, Sodbrennen, Blähungen, Verdauungsstörungen oder Verstopfung sind fast immer Folgen falscher Ernährungsweisen, die einer entspannten Körper- und Geisteshaltung entgegenwirken. Alle körperlichen Störungen wirken auf das Unterbewußtsein. Auch ohne spürbare oder sichtbare Symptome verursachen sie Nervosität und Spannung.

Mitbetroffen ist selbst unser Schlaf. Die Qualität des Schlafes ist weitaus wichtiger als dessen Dauer. Um am Morgen wirklich ausgeruht und entspannt zu erwachen, ist die richtige Wahl der

Nahrung nicht unwesentlich. Leichte Nahrung fördert einen ruhigen Schlaf. Kurz vor dem Schlafengehen empfiehlt es sich, auf ausgiebige, schwer verdauliche Mahlzeiten oder scharf gewürzte Speisen zu verzichten. Wir sollten vielmehr abends unserem Magen und Darm Gelegenheit geben, restlos zu verdauen und leer zu werden. Die letzte Mahlzeit vor dem Zubettgehen sollte möglichst 3-4 Stunden zurückliegen. Der Schlaf ist dann tiefer und unbeschwerter. Andererseits ist es ratsam, nach dem Aufstehen auch nicht direkt am Frühstückstisch Platz zu nehmen. Nicht nur der Geist, auch der Körper braucht morgens etwas Zeit, um aufzuwachen und munter zu werden.

Ganz entscheidend für unser Wohlbefinden ist die richtige Nahrungsmenge. Zunächst einmal gilt es, nur zu essen, wenn wir auch wirklich Appetit haben. Sind wir übermüdet, nervös, ärgerlich oder fiebrig, nehmen wir am besten keine Nahrung zu uns. Unser Verhalten sollte in dieser Hinsicht ganz ähnlich dem der Tiere sein. Fühlt sich ein Tier nicht wohl, so nimmt es instinktiv keinen Bissen zu sich. Wir sollten lediglich essen, um unseren Hunger zu befriedigen, nicht zu viel und nicht zu wenig. Zu vieles Essen macht den Körper schwer, zu wenig macht ihn schwach und nervös. Die Kunst besteht darin, für sich selbst die richtige Balance zwischen den Erfordernissen des Körpers und der Nahrung zu finden. Verglichen mit früheren Generationen leisten die meisten von uns heute wesentlich weniger körperliche Schwerarbeit. Wir essen jedoch genausoviel wie sie - mehr als der Körper, sprich die Verdauungsorgane, verarbeiten können.

Je mehr Zeit wir uns für eine Mahlzeit nehmen, desto bekömmlicher wird sie. Gutes Kauen unterstützt die Verdauungstätigkeit. Je feiner zerteilt die Nahrung in den Magen gelangt, um so leichter wird der Speisebrei von den Magensäften durchsetzt. Wird die Nahrung gut mit Speichel vermischt, so können die Nährstoffe zudem besser verwertet und aufgenommen werden. Gutes Kauen heißt gleichzeitig immer langsam essen. Wer langsam ißt, ißt auch weniger und wird trotzdem satt.

Weiterhin gilt es, alle Extreme zu meiden. Was wir essen, sollte weder zu süß noch zu scharf, weder zu heiß noch zu kalt sein.

Es empfiehlt sich auch, geregelte Essenszeiten einzuhalten. Manche kommen mit einer Mahlzeit am Tage aus, wobei sie allerdings solche Mengen vertilgen, daß der Magen hoffnungslos überlastet wird. Andere wiederum essen ständig, so daß der Magen gar nicht zur Ruhe kommt. Wie so oft, ist auch hier ein Weg der Mitte die angemessenste Lösung.

Vegetarisch essen

„Du bist, was du ißt!" Dieser vielzitierte Spruch mag sicherlich etwas überspitzt formuliert sein. Ein Körnchen Wahrheit ist darin doch enthalten. Alles, was wir essen, beeinflußt auf eine sehr subtile Weise unseren Organismus. Die Art und Weise, was und wie wir essen, gibt einen Einblick in unser Denken und Handeln.

Es ist ein Spiegel unseres Bewußtseins und zeigt, wo wir stehen. Ein Aspekt unserer Nahrungsauswahl will besonders bedacht sein: Bestimmte Nahrungsmittel fordern eine friedvolle und ökologisch ausgerichtete Lebenseinstellung eher als andere. Von grundsätzlicher Bedeutung ist hierbei die Frage, ob tierische Nahrung ein Teil unserer Ernährungsgrundlage sein soll. Über das Für und Wider einer rein vegetarischen Lebensweise ist bereits vieles gesagt und geschrieben worden. Die Behauptung, daß tierisches Eiweiß dem pflanzlichen Eiweiß überlegen sei, ist mittlerweile wissenschaftlich eindeutig widerlegt. Für ein Leben ohne Fleisch sprechen zudem eine ganze Reihe von Gründen, seien sie ethischer, ästhetischer, ökologischer oder wirtschaftlicher Natur.

Wir wollen lediglich nochmals einen Aspekt betonen - den der Gewalt. Unsere Nahrungsmittel lassen sich in eine Skala einteilen, je nachdem wie gravierend der Eingriff in die Natur zu deren Gewinnung ist. Am Anfang der Skala stehen Früchte und Nüsse, die reif von den Bäumen fallen. Es folgen Getreide und Gemüse, danach kommen Milch, Käse und Eier; am Ende der Skala stehen schließlich Fisch und Fleisch. Auch wenn wir heute nicht mehr gezwungen sind, die Tiere eigenhändig zu töten und zu schlachten, sind wir mit dem Genuß von Fleisch direkt an diesem Geschäft beteiligt. Selbst wenn wir Milch und Käse essen, unterstützen wir dies indirekt. Die Milchwirtschaft ist eng mit der Viehwirtschaft verbunden.

Dies soll nun keinesfalls heißen, daß wir uns ausschließlich von Nüssen und überreifen Früchten zu ernähren haben. Doch gehört es tatsächlich zur Natur der Dinge, daß wir unsere tierischen Nachbarn auf zum Teil mehr als entwürdigende Art und Weise gefangenhalten, mästen und töten, um sie schließlich als Gaumenkitzel zu vertilgen. Beläßt uns der Genuß von tierischer Nahrung nicht in gewisser Weise auf der Stufe des Tieres? Ist es angesichts der Fülle von überaus schmackhaften Früchten und Gemüsen, Getreidearten und Hülsenfrüchten wirklich notwendig, in dem Maße auf tierische Produkte zurückzugreifen, wie es heutzutage allgemein der Fall ist? Wie leicht ist es doch, das herkömmliche Schinken-Käse-Ei-Frühstück durch reine pflanzliche Nahrung zu ersetzen. An erster Stelle sei hier das Müsli erwähnt, das für sich allein in der Zubereitung bereits ungeahnte Variationsmöglichkeiten bietet.

Und warum nicht mal einen warmen Getreidebrei mit Nüssen und Rosinen probieren? Vegetarische Pasten und Aufstriche der verschiedensten Prägung tun schließlich ihr übriges, um Wurst und Schinken schnell vergessen zu lassen. Alternativen gibt es genug.

Für den Mittagstisch bieten sich eine wahre Fülle leckerer Gemüse- und Getreidegerichte an. Wer sich in Konsistenz und Aroma einen Hauch von Fleischgeschmack beibehalten möchte, dem seien eine recht beachtliche Zahl vollwertiger vegetarischer Alternativen empfohlen - beispielsweise Bratlinge aus Reis oder Grünkern, Tofuschnitzel und natürlich Seitan und Tempeh.

Vollwertiges Essen

Die meisten Menschen haben heutzutage jegliches Gefühl für die natürliche, intuitive Auswahl der Nahrung verloren. Manche behandeln ihren Körper als einen lebenden Abfalleimer - alles mögliche und unmögliche wird wahllos hineingestopft. Wir wollen an dieser Stelle keine Gebote und Verbote aufstellen, was gegessen und was gemieden werden sollte. Die Entscheidung darüber liegt in der Hand eines jeden Einzelnen, wir beschränken uns darauf, lediglich einige Empfehlungen zu geben, wie eine idealtypische Ernährungsweise aussehen könnte.

Im Mittelpunkt unserer überwiegend vegetarischen Ernährungsweise stehen Getreide und Gemüse. In seiner natürlichen Ausgewogenheit ist Getreide für uns die hauptsächliche Quelle für Kohlenhydrate und Eiweiß. Eine vollwertige Getreide-Ernährung umfaßt das volle Korn und daraus hergestellte Produkte wie Teigwaren, Brot und Gebäck. Ergänzend zum Getreide ernähren wir uns vorwiegend von frischem Gemüse und Obst. Wir finden hierin fast alle für unseren Organismus notwendigen Mineralstoffe, Spurenelemente und Vitamine. Einen Teil des Gemüses essen wir als Rohkost, den anderen Teil garen wir auf möglichst schonende Weise. Unser Speiseplan wird durch Hülsenfrüchte und Sojaprodukte erweitert, insbesondere Tofu, Tempeh und Sprossen. Wir nehmen nur wenig Milch und Milchprodukte und gelegentlich ein Ei zu uns. Fisch und Fleisch gibt es nur ganz selten oder überhaupt nicht. Unsere Ernährung wird somit fettarm sein und auch nicht übermäßig viel Eiweiß enthalten. Wir wählen vorwiegend jene Nahrung, die in unserer Umgebung natürlich vorkommt und gedeiht, und essen sie zur entsprechenden Jahreszeit. Wir achten zudem darauf, den Speiseplan möglichst abwechslungsreich zu gestalten. Alle verwendeten Lebensmittel genießen wir in ihrer reinen, naturbelassenen Form.

Eine nach diesen Leitlinien ausgerichtete Ernährungsweise können wir als vollwertig bezeichnen. Sie liefert alles, was zur Erhaltung unseres Organismus' notwendig ist. In diesem Sinne können wir unsere Ernährung gar als Medizin ansehen. Sie ist nicht nur vollwertig und nahrhaft - sie trägt darüber hinaus gleichzeitig dazu bei, bestimmten Krankheiten vorzubeugen und hilft mit, unsere Gesundheit zu bewahren.

Was will noch alles bedacht sein?

Vegetarisch kochen heißt vielfältig kochen. Ein vegetarisches Menü sollte zumindest eine Getreideart und 2 verschiedene Gemüsesorten beinhalten, beispielsweise ein Knollen- oder Wurzelgemüse und dazu ein Blattgemüse. Kochen wir verschiedene Getreide- bzw. Gemüsesorten zusammen, so müssen wir deren unterschiedliche Garzeiten berücksichtigen: Pastinaken bedürfen weniger Zeit als Möhren, Sellerieschnitzel brauchen länger als panierte Auberginenscheiben, und körniger Naturreis hat die doppelte Kochzeit von Hirse. Kochen ist nicht schwierig, es verlangt lediglich ein bißchen Kreativität und den nötigen Stil. Ist der individuelle Kochstil einmal gefunden, so läßt sich dieser durch verschiedene Schneidetechniken, veränderte Zubereitungsformen und Gewürze beliebig variieren. Selbst auf die Wetterlage kann das Menü abgestimmt werden. Bei heißem Wetter sind kürzere Garzeiten und mehr Rohkost angebracht; an kalten Wintertagen dagegen empfiehlt sich längeres Garen, und man bevorzugt Aufläufe und Eintopfgerichte, die den Organismus von innen her kräftig erwärmen.

Die Kunst des Anrichtens

Die Zubereitung einer Speise ist weitaus mehr als Routine. Ein liebevoller und phantasievoller Umgang mit dem, was und wie wir essen, kann der Beginn einer neuen Ästhetik in der Küche sein. Kochen und Anrichten können so auch als eine meditative Kunst verstanden werden. In manchen Kulturen zählt Schönheit bei Tisch so viel wie der Geschmack. In Japan beispielsweise ist das Anrichten eine Kunstform und zugleich Ausdruck einer bestimmten Philosophie. Wohl kaum ein anderes Volk wendet soviel Sorgfalt und künstlerisches Gespür für die Gestaltung eines Mahles auf wie die Japaner. Durch ausgefallene Schneidetechniken, schonende Formen der Zubereitung, kleine dekorative Handgriffe bis hin zur Auswahl des Geschirrs vermag ein erfahrener Koch jedes Menü zu einem kleinen Kunstwerk werden zu lassen.

Ein guter Koch wird zudem immer auf die farbliche Abstimmung des Menüs bedacht sein. Das Auge ißt mit. Das kräftige Orangerot einer Möhre ergänzt sich beispielsweise vortrefflich mit dem satten Schwarzgrün eines Brokkoliröschens, dazu passen vielleicht noch goldgelb gekochte Hirsekörner. Kleine Handgriffe können sowohl geschmacklich als auch optisch Großes bewirken. Denken wir nur an das frische Grün von Petersilie oder leuchtend rote Radieschen inmitten eines Salates. Hier gilt es der Intuition freien Lauf zu lassen, Kochen ist ein kreativer, schöpferischer Prozeß.

Lediglich eines will dabei bedacht sein: Wir sollten aus der Zubereitung von Nahrung und deren Genuß keine Zeremonie machen. Essen ist ein einfacher, natürlicher Vorgang. Es braucht keinesfalls überkultiviert und überbewertet zu werden.

Frühstücksideen

Morgens speisen wie ein König, abends essen wie ein Bettler - diese alte Lebensweisheit hat auch für unsere Zeit nichts von ihrer Gültigkeit verloren. Doch viele Menschen nehmen sich für ein ausgiebiges Frühstück nicht die nötige Zeit. Eine Tasse Kaffee, dazu ein hastig hineingestopftes Marmeladebrötchen stehen allzu oft für einen typischen Tagesanfang - die Hektik des Alltags läßt in der Regel nicht mehr Platz. Wird dem Frühstück doch einmal der ihm gebührende Platz eingeräumt, beispielsweise an einem geruhsamen Sonntagmorgen, so dominiert in den meisten Haushalten gewöhnlich das gängige Schinken-Käse-Ei-Frühstück, getoastetes Weißbrot, Cornflakes und reichlich gezuckerte Konfitüren.

Doch es geht auch anders. Ein gelungenes Frühstück braucht nicht nur genügend Zeit, es will auch sorgfältig zusammengestellt sein. Die richtige Auswahl unserer Frühstücksnahrung gibt eine solide Grundlage für den gesamten Tag.

Zum Kernstück eines anderen, ernährungsbewußten Frühstücks hat sich das Müsli entwickelt. Müsli wurde für viele zum Einstieg in eine neue Form der Ernährung - es wurde zum Synonym für eine andere Art zu essen.

Grundstoff eines jeden Müslis ist Getreide - sei es als Frischkornbrei, Flockenmischung oder aus selbstgekeimten Getreidekörnern. Alle weiteren Zutaten richten sich nach individuellem Geschmack. Besonders geeignet sind Nüsse, Mandeln, Sonnenblumenkerne und Sesamsaat. Um das Müsli sämig zu machen bedarf es lediglich etwas Milch, Sahne, Joghurt, Kefir oder anderer Sauermilchprodukte - auch Sojamilch, Fruchtsaft oder einfach Wasser lassen sich dazu verwenden. Zum Süßen eignen sich natürliche Süßmittel wie Rosinen, Honig, Ahornsirup oder Malzextrakt.

Frisches Obst gibt jedem Müsli eine besondere Note. An erster Stelle sei hier der Apfel genannt, der grob geraffelt oder gerieben dem Müsli eine luftige und saftige Komponente gibt. Entsprechend der Saison bieten sich daneben natürlich alle anderen Früchte an, besonders Erdbeeren, kleine Pfirsichstücke, Weintrauben und Apfelsinenschnitze. Eine Messerspitze Vanille, Kardamom oder Zimt sorgt darüber hinaus für geschmackliche Abwechslung - der Phantasie sind keine Grenzen gesetzt.

Müsli ist nicht die einzige Form, Getreide in das Frühstück mit einzubeziehen. Etwas in Vergessenheit geraten sind in Wasser oder Milch aufgekochte Getreidebreie aus Grütze, Flocken oder ganzen Körnern. Auch sie lassen sich durch Zugabe von Nüssen und Kernen, Rosinen oder Honig verfeinern. Heiße Getreidebreie empfehlen sich besonders während der kalten Jahreszeit.

Durch den Kochvorgang besser aufgeschlossen bieten sie sich zudem auch als wertvolle Kinderkost an.

Einige Alternativen gibt es beim Brot. Dem ballaststoffarmen Weiß- und Graubrot ziehen wir Vollkorn- und Knäckebrot aus ganzem Schrot und Korn vor. Vollkornbrot ist nicht nur nahrhafter, es ist auch im Geschmack dem Weißbrot überlegen. Und mit Brotgewürzen wie Mohn, Sesam, Sonnenblumen- oder Kürbiskernen versehene Vollkornbrötchen lassen bald auch die gewohnten Weißmehlbrötchen in Vergessenheit geraten.

Als Brotbelag bietet sich eine wahre Fülle von pflanzlichen Aufstrichen und Pasten an. Ob Sojabohnen, Linsen oder Kichererbsen, Tofu, Seitan oder Grünkern - sie alle sind hervorragende Grundstoffe für pikante und herzhafte Brotbeläge. Selbst aus Gemüse wie Paprika, Zwiebeln, Möhren und Tomaten lassen sich bekömmliche Pasten herstellen. Verfeinert mit frischen Kräutern, Senfkörnern, Sesamsaat und anderen Gewürzen sind vegetarische Pasten eine gelungene Alternative zu Wurst und Schinken.

Auch an Süßem soll es nicht fehlen. Konventionelle Marmeladen enthalten allerdings einen mit zwischen 45 % und 75% extrem hohen Zuckeranteil. Zucker ist notwendig, um die Marmelade auch nach dem Öffnen des Glases lange haltbar zu machen.

Doch die Zubereitung von süßen Brotaufstrichen ist auch ohne weißen Zucker möglich. Der natürliche Fruchtgehalt der verarbeiteten Früchte, etwas zugesetzter Honig, Ahornsirup oder eingedickter Apfelsaft sorgen für ausreichende Süße. Allerdings sind diese Marmeladen nach Anbruch lediglich ein bis zwei Wochen haltbar. Wer es nicht ganz so süß mag, dem seien Nußmuse aus Erdnüssen, Mandeln, Haselnüssen, Cashewkernen oder Sesamsaat empfohlen.

Sanddornmilch mit Weizenkeimen

1/2 l Milch / 125 g Joghurt natur /
3 EL Sanddorn Fruchtmark / 1 TL Weizenkeime

Alle Zutaten in einem Mixer verquirlen.

Zubereitungszeit: 5 Minuten

Frischkornbrei

4 EL Weizen oder Getreidemischung, geschrotet /
1 kleiner Apfel / 1 EL Nüsse oder Mandeln / 1 EL Rosinen /
1 TL Honig / 2 EL süße Sahne / Zimt, Vanille, Kardamom

In der Getreidemühle das Korn schroten. Mit der doppelten Menge kaltem Wasser mit den Rosinen über Nacht einweichen. Am nächsten Morgen alle übrigen Zutaten daruntermischen. Den Apfel unmittelbar vor dem Servieren darüberreiben.

Für eine Person / Zubereitungszeit: 10 Minuten

Bircher-Müsli

1 Tasse Haferflocken oder Flockenmischung / 1 EL Rosinen / 1 EL Haselnußkerne, gemahlen / 1 TL Sesamsaat / 1 Tasse Vollmilch oder Sojamilch / Früchte der Saison / 1 MS Vanille

Alle Zutaten in einer Schale miteinander vermischen.

Für 1 Person / Zubereitungszeit: 5 Minuten

Müsli à la Dornach

3 EL Weizen, geschrotet / 3 EL Getreideflocken / 1 Tasse Milch / 2 EL süße Sahne / 1 TL Honig / 1 kleiner Apfel / 1 Spritzer Zitronensaft

Den frisch geschroteten Weizen über Nacht mit der doppelten Menge Wasser einweichen. Am nächsten Morgen Getreideflocken, Milch und Honig untermischen. Den Apfel in feine Scheiben schneiden, mit Zitronensaft beträufeln und ebenfalls zugeben. Die Sahne steif schlagen und darüber geben.

Für 1 Person / Zubereitungszeit: 10 Minuten

Sprossenmüsli

1 Tasse Alfalfasprossen / 1 Tasse Weizenkeimlinge / 1/2 Tasse Sonnenblumenkernsprossen / 1 EL Akazienhonig / 1 MS Zimt / 150 g Kefir oder Joghurt natur

Alle Zutaten miteinander vermischen.

Für 2 Personen / Zubereitungszeit: 5 Minuten

Weizenkeim-Müsli

1 Tasse gekeimte Weizenkörner / 1 EL Sonnenblumenkerne / 1 EL Rosinen / 1 EL Zitronensaft / 2 EL Sahne / Früchte der Saison

Die Rosinen in etwas Wasser über Nacht einweichen und am nächsten Morgen mit den übrigen Zutaten vermischen.

Nach Belieben mit Vanille oder Kardamom abschmecken.

Für 1 Person / Zubereitungszeit: 5 Minuten

Süßer Getreidebrei

1 Tasse geschrotetes Getreide (z.B. Hafer, Weizen und Hirse) /
2 Tassen Wasser / 2 Tassen Milch /
2 EL Haselnußkerne, gehackt / 1 EL Honig /
2 EL Rosinen / gemahlener Koriander, Zimt

Das frisch geschrotete Getreide in Wasser aufkochen und auf kleiner Flamme 10-15 Minuten köcheln lassen. In einem separaten Topf die Milch erhitzen und in das Getreide einrühren. Die übrigen Zutaten zugeben und noch 10 Minuten nachquellen lassen.

Mit etwas Butter abschmecken.

Für 4 Personen / Zubereitungszeit: 35 Minuten

Porridge

1 Tasse geschroteter Hafer / 5 Tassen Wasser /
2 EL Ahornsirup oder Apfeldicksaft / 1 EL Butter /
1 MS Vanille / Früchte der Saison

Den Haferschrot in Wasser aufkochen und 10 Minuten schwach köcheln lassen. Butter, Sirup und kleingeschnittene Früchte zugeben.

Mit Vanille abschmecken.

Für 3 bis 4 Personen / Zubereitungszeit: 20 Minuten

Weizengrieß mit Früchten

1 Tasse Weizenvollgrieß / 3 Tassen Milch / 50 g süße Sahne / 1 MS Vanille / Früchte der Saison

Den Grieß in Milch aufkochen und 10 Minuten ziehen lassen. Die Sahne steif schlagen und unter den Grieß heben. Mit Vanille abschmecken.

Servieren mit frischem Beerenobst.

Für 2 Personen / Zubereitungszeit: 20 Minuten

Thermo-Getreide

1 Tasse Thermo-Grütze (z.B. Weizen, Roggen oder Gerste) / 3 Tassen Wasser / 1 Tasse Milch / 2 EL Mandeln, grob gehackt / feingeschnittene Feigen und Datteln / gemahlener Koriander und Anis

Thermo-Getreide in Wasser aufkochen und 10 Minuten auf kleiner Flamme köcheln lassen. Heiße Milch einrühren und Trokkenfrüchte und Gewürze zugeben.

10 weitere Minuten nachquellen lassen.

Für 2 bis 3 Personen / Zubereitungszeit: 25 Minuten

Variante: Statt der süßen Zutaten das Ganze mit etwas Salz und frischen Kräutern pikant anrichten.

Kräuterquark

200 g Magerquark / 100 g Joghurt natur / 1/8 l Vollmilch / 1 Bund gemischte Kräuter (z.B. Kerbel, Dill, Schnittlauch, Petersilie / etwas Meersalz

Quark, Joghurt und Milch miteinander verrühren. Die feingehackten Kräuter untermischen.

Servieren auf einer Scheibe Vollkornbrot.

Für 2 Personen / Zubereitungszeit: 10 Minuten

Tomatenquark

200 g Magerquark / 200 g süße Sahne / 4 kleine Tomaten / 1 kleine Zwiebel / 1/2 Bd. Schnittlauch / Meersalz, Pfeffer, Thymian

Die Tomaten grob würfeln, die Zwiebel und den Schnittlauch fein hacken und unter den Quark geben. Die Sahne steif schlagen und vorsichtig unter den Quark ziehen. Mit etwas Salz, Pfeffer und Thymian würzen. Auf einer Scheibe Vollkornbrot servieren.

Für 2 Personen / Zubereitungszeit: 10 Minuten

Pikante Brotaufstriche

Grünkernpaste

1 Tasse Grünkern, gekocht / 1 EL Olivenöl /
Meersalz, Pfeffer, Majoran, Basilikum

Den Grünkern zusammen mit Öl und Gewürzen im Mixer zu einem cremigen Aufstrich pürieren.

Eventuell 1-2 EL Wasser zugeben.

Kühl lagern.

Zubereitungszeit: 10 Minuten

Linsenpaste

1 Tasse Linsen, gekocht / 1 Zwiebel, fein gewürfelt /
1 TL Sesam, geröstet / 1 EL Distelöl / 1 TL Hefeflocken /
Meersalz, Pfeffer, Ingwer, Thymian

Die Zwiebeln in heißem Öl glasig sautieren und zusammen mit den übrigen Zutaten im Mixer pürieren. Eventuell 1-2 EL Gemüsebrühe zugeben. Kühl lagern.

Zubereitungszeit: 10 Minuten

Hummous

1 Tasse Kichererbsen, gekocht / 2 EL Tahin /
1/2 Knoblauchzehe / Saft einer halben Zitrone /
frische Minze

Alle Zutaten im Mixer pürieren und je nach gewünschter Dicke mit etwas Wasser oder Gemüsebrühe verdünnen. Kühl lagern.

Hummous ist eine Spezialität in den Ländern des Mittleren Ostens.

Zubereitungszeit: 10 Minuten

Miso-Tahin-Paste

5 EL Tahin ohne Salz / 2 EL Miso / 2 EL Hefeflocken /
1 kleine Zwiebel / etwas Wasser /
frische Kräuter, z.B. Minze, Kerbel, Petersilie

Die Zwiebel fein würfeln und mit dem Tahin vermischen. Das Miso mit 1-2 EL Wasser sämig rühren und ebenfalls zugeben.

Hefeflocken und gehackte Kräuter zugeben.

Alles nochmals gut mischen.

Zubereitungszeit: 10 Minuten

Tofu-Aufstrich

200 g Tofu / 1 kleine Zwiebel, fein gewürfelt / 1/2 Paprikaschote, fein gewürfelt / 1 TL Hefeflocken / 1 EL Distelöl / 1 EL Sojasauce

Öl in einer Pfanne erhitzen und die Zwiebel darin in 3-4 Minuten glasig dünsten. Tofu in einer Schüssel mit einer Gabel zerdrücken. Die gedünstete Zwiebel, die gewürfelte Paprikaschote sowie die anderen Zutaten untermischen.

Mit frischen Kräutern bestreuen.

Gekühlt 1-2 Tage haltbar.

Zubereitungszeit: 15 Minuten

Avocado-Creme

1 reife Avocado / 3 EL saure Sahne / 1 TL Zitronensaft / Meersalz, Pfeffer, Knoblauch

Avocado in der Mitte zerteilen, den Kern herausnehmen, das Fruchtfleisch aus der Schale nehmen und mit einer Gabel fein zerdrücken. Mit den übrigen Zutaten mischen.

Zubereitungszeit: 10 Minuten

Tofu-Ei-Aufstrich

150 g Tofu / 1 Ei, hartgekocht in Würfel geschnitten /
1 EL Öl / 1 TL Zitronensaft /
Meersalz, frisch gehackte Petersilie

Alle Zutaten im Mixer pürieren.

Für 2 Personen / Zubereitungszeit: 10 Minuten

Sojapaste

1 Tasse gelbe Sojabohnen, gekocht /
1 kleine Zwiebel, gewürfelt /
2 EL Haselnuß- oder Erdnußmus / 1 TL Zitronensaft /
Sojasauce, Pfeffer, gemahlener Koriander

Die gekochten Sojabohnen in einem Mixer fein pürieren. Die feingewürfelte Zwiebel roh oder in etwas heißem Öl gedünstet mit dem Sojabohnenpüree und den übrigen Zutaten vermischen.

Zubereitungszeit: 15 Minuten

Süße Brotaufstriche

Aprikosen-Dattel-Paste

20 g getrocknete Aprikosen / 50 g Datteln /
Saft einer halben Zitrone / Vanille, Kardamom

Die Trockenfrüchte über Nacht in etwas Wasser einweichen. Mit einem Teil des Einweichwassers und dem Zitronensaft im Mixer pürieren.

Mit einer Messerspitze Vanille oder Kardamom abschmekken.

Zubereitungszeit: 10 Minuten

Carob-Nußmus

1 Tasse Haselnußkernmus / 2 EL Carobpulver /
1 TL Honig, flüssig

Alle Zutaten gut miteinander verrühren.

Zubereitungszeit: 10 Minuten

Rohkost & Salate

Rohkost ist weitaus mehr als grüner Kopfsalat und knackig rote Radieschen. Wir verstehen darunter jegliche Nahrung, die nicht erhitzt wurde. Neben frischem Obst, Gemüse und Wildkräutern umfaßt Rohkost auch Körnerfrüchte, Nüsse, kaltgepreßte Pflanzenöle, Honig, Vorzugsmilch und einige Sauermilchprodukte. Rohes Getreide, Nüsse und Pflanzenöle sind hochkonzentrierte Nahrungsmittel. Sie versorgen uns mit wertvollem Eiweiß, Fetten und Kohlenhydraten. Obst und Gemüse dagegen sind recht kalorienarm. Sie enthalten nur wenig Fette und Kohlenhydrate, bieten uns jedoch reichlich Vitamine und Mineralien. Neben allen Früchten läßt sich auch fast jedes Gemüse roh verzehren. Wird es nicht erhitzt, so bleibt nicht nur das arttypische Aroma, sondern auch der jeweilige Nährstoffgehalt voll erhalten. Kochen verschlechtert immer den Nährwert einer Speise. Der Vitamingehalt vermindert sich, das Eiweiß wird teilweise denaturiert, die Mineralsalze laugen aus, die natürlichen Duft- und Aromastoffe werden reduziert. Gekochte Nahrung muß durch den Zusatz von Gewürzen, wieder „genießbar" gemacht werden.

Wir empfehlen, so viel wie möglich Ungekochtes in den Speiseplan aufzunehmen. Jede Hauptmahlzeit kann mit Rohkost begonnen werden. Dies stillt gleichzeitig den ersten Hunger und fördert so ein maßvolles Essen. Ein wöchentlicher Rohkosttag wirkt darüber hinaus sensibilisierend auf alle Sinnesorgane.

Farbe, Aroma, Geruch und Geschmack von rohem Obst und Gemüse sprechen unser ganzes körperliches Instrumentarium an. Wir nehmen damit nicht nur notwendige Vitamine, Mineral- und Ballaststoffe zu uns - wir erfahren bei dem regelmäßigen Genuß von Rohkost gleichzeitig ein erfrischendes, leichtes und unbeschwertes Gefühl, wie es bei totgekochter Nahrung selten der Fall sein wird.

Endiviensalat

*1 Endiviensalat / 1 kleine Zwiebel, feingehackt /
2 EL Sonnenblumenöl / 1 EL Weinessig / 1 MS Senf /
Meersalz, Pfeffer*

Die Endivie in Blätter zerteilen und gut waschen. 3-4 Blätter übereinander legen und in 2-3 mm feine Streifen schneiden. Je feiner geschnitten, desto zarter wird die Endivie. Die Saucenzutaten miteinander vermischen und darüber geben.

Für 3 bis 4 Personen / Zubereitungszeit: 15 Minuten

Variante: Statt Endivie mit Latuga Romana anrichten. Latuga in 1 cm breite Streifen schneiden.

Feldsalat (Rapunzel)

*100 g Feldsalat / 1 kleine Zwiebel, feingehackt /
2 EL Distelöl / 1 TL Zitronensaft / 1 Prise Meersalz*

Den Feldsalat putzen, die Blätter zusammen lassen und gut waschen. Die Saucenzutaten miteinander vermischen und über den Salat geben.

Für 2 bis 3 Personen / Zubereitungszeit: 15 Minuten

Löwenzahnsalat

25-30 junge Löwenzahnblätter / 1 Zwiebel, feingehackt / 3 EL Olivenöl / 2 EL Obstessig / Meersalz, Pfeffer

Den Löwenzahn in Streifen von einem halben Zentimeter Breite schneiden und mit den übrigen Zutaten vermischen.

Für 3 Personen / Zubereitungszeit: 10 Minuten

Frisée mit Tomate

1 Friséesalat / 3 Tomaten, gewürfelt / 1 kleine Zwiebel, feingehackt / 2 EL Olivenöl / 1 EL Weinessig / 1/2 TL Senf / Meersalz, Pfeffer

Den Friséesalat gut waschen und in 1 bis 2 cm breite Stücke schneiden. Mit den Tomaten in einer Schüssel anrichten. Aus den übrigen Zutaten eine Sauce zubereiten und darübergeben.

Für 3 bis 4 Personen / Zubereitungszeit: 15 Minuten

Radicchio-Salat

200 g Radicchio / 1 EL Apfelessig / 2 EL Olivenöl / 1/2 TL Senf / Meersalz, Pfeffer, Schnittlauch

Den Radicchio waschen, zerpflücken und abtropfen lassen. Aus Essig, Öl und den Gewürzen eine Sauce anrühren und darübergießen.

Für 3 Personen / Zubereitungszeit: 15 Minuten

Gemischter Salat

1 Kopf- oder Eissalat / 3 Tomaten / 1 Bd. Radieschen / 1 kleine Zwiebel, feingehackt / 100 g Creme fraîche / 2 EL Distelöl / 1 EL Zitronensaft / Meersalz, Pfeffer, frischer Schnittlauch

Salat gut waschen und zerteilen. Tomaten und Radieschen in Scheiben schneiden. Die übrigen Zutaten zu einer Sauce anrühren und mit dem Gemüse gut vermischen. Mit kleingehacktem Schnittlauch bestreuen.

Für 4 Personen / Zubereitungszeit: 20 Minuten

Griechischer Bauernsalat

1 mittelgroße Salatgurke / 4 Fleischtomaten / 1 Paprikaschote / 1 große Zwiebel, in Ringe geschnitten / 1 Endiviensalat / 10 Oliven / 200 g Schafskäse / 1 Knoblauchzehe / 4 EL Olivenöl / 2 EL Weinessig / 1/2 Bund Petersilie / Meersalz, Pfeffer, Oregano

Salatgurke und Tomaten in Scheiben, den Endiviensalat in feine Streifen schneiden. Die Paprikaschote halbieren, entkernen und ebenfalls in dünne Streifen zerteilen. Das Gemüse in einer großen mit der Knoblauchzehe eingeriebenen Schüssel anrichten.

Den Schafskäse darüberbröseln. Mit Salz, Pfeffer und Oregano würzen. Weinessig und kaltgepreßtes Olivenöl darübergeben.

Mit Oliven und Petersilie garnieren.

Für 5 bis 6 Personen / Zubereitungszeit: 30 Minuten

Chicorée mit Mandarinen

200 g Chicorée / 3 Mandarinen / 1 Banane / 50 g süße Sahne / 1 Spritzer Zitronensaft / Alfalfa-Sprossen

Den Chicorée in feine Streifen schneiden. Die Mandarinen in Schnitze zerteilen, die Banane in Scheiben schneiden. Früchte mit dem Chicorée mischen, mit Sahne übergießen und mit Zitronensaft abschmecken. Mit Alfalfa garnieren.

Für 3 bis 4 Personen / Zubereitungszeit: 15 Minuten

Chicorée in Senfsauce

300 g Chicorée / 1 EL Senf / 100 g Joghurt / 2 EL Olivenöl

Den gewaschenen Chicorée in feine Streifen schneiden. Aus Joghurt, Öl und Senf eine Salatsauce rühren. Mit einem Spritzer Zitronensaft abschmecken.

Für 4 Personen / Zubereitungszeit: 10 Minuten

Gurken-Rettich-Salat

1 mittlere Salatgurke / 2 rote oder weiße Rettiche / 1 kleine Zwiebel, feingehackt / Saft einer halben Zitrone / 2 EL Distelöl / Meersalz, Pfeffer, Dill

Gurke und Rettiche waschen und in dünne Scheiben schneiden oder grob raffeln. Die übrigen Zutaten untermengen und 10-15 Minuten ziehen lassen.

Für 2 Personen / Zubereitungszeit: 20 Minuten

Blumenkohl-Rohkost

1 mittelgroßer Blumenkohl / 125 g süße Sahne / 1 EL Honig / Saft einer Zitrone / 2 EL Walnußkerne / Meersalz, Pfeffer

Den Blumenkohl gut waschen und auf dem Küchenhobel fein raffeln. Die Sahne mit Honig, Zitronensaft, Salz und Pfeffer verrühren und über den Blumenkohl gießen. Eine halbe Stunde ziehen lassen und mit den gehackten Walnußkernen überstreuen.

Für 4 Personen / Zubereitungszeit: 45 Minuten

Selleriesalat

2 mittelgroße Sellerieknollen / 1 kleine Zwiebel / 3 EL Mayonnaise / 2 EL Sonnenblumenöl / 1/2 TL Obstessig / 1/2 TL Senf

Die Sellerieknolle unter fließendem Wasser sauber bürsten und in etwas Salzwasser, dem ein Spritzer Essig zugesetzt ist, 10 Minuten dünsten. Aus Mayonnaise, Senf, Öl, der feingehackten Zwiebel und einem weiteren Spritzer Essig eine Sauce zubereiten. Den Sellerie halbieren, in dünne Scheiben schneiden und in der Sauce etwa 10 Minuten ziehen lassen.

Für 4 Personen / Zubereitungszeit: 30 Minuten

Apfel-Sellerie-Rohkost

1 mittelgroße Sellerieknolle / 2 feste Äpfel / 3 EL süße Sahne / 1 Spritzer Zitronensaft / 1 Prise Meersalz

Zuerst den Sellerie, dann die Äpfel auf einer Küchenreibe raspeln, die Äpfel etwas grober. Miteinander vermischen und die Sahne zugeben.

Mit Zitronensaft und Meersalz abschmecken.

Sofort servieren!

Für 3 Personen / Zubereitungszeit: 15 Minuten

Rote Bete-Salat

500 g Rote Bete / 125 g Joghurt / 2 EL Distelöl / 1 EL Sonnenblumenkerne

Die Rote Bete auf einer Küchenreibe grob raffeln und in einer Schüssel anrichten. Joghurt darübergeben und mit den Sonnenblumenkernen bestreuen.

Zum Schluß das Öl darübergeben.

Für 4 Personen / Zubereitungszeit: 10 Minuten

Fenchelsalat mit Orangen

2 Fenchelknollen (ca. 300 g) / 1 große Orange /
2 EL Distelöl / Saft einer halben Zitrone /
5 Walnußkernhälften /
Meersalz, Paprika edelsüß, Petersilie

Den Fenchel putzen und in feine Scheiben schneiden. Die Orange schälen, würfeln und unter den Fenchel mengen. Öl, Essig und Gewürze miteinander verrühren und darübergießen.

Mit gehackten Walnußkernen servieren.

Für 3 Personen / Zubereitungszeit: 15 Minuten

Möhrensalat

3 Möhren / 2 Äpfel / Saft einer viertel Zitrone /
1 EL Akazienhonig / 1 EL Haselnußkerne, gemahlen

Die Möhren und Äpfel auf der Küchenreibe nach Belieben fein oder grob raspeln und mit Honig und Zitronensaft mischen. Zum Schluß die gemahlenen Haselnußkerne dazugeben.

Sofort servieren.

Für 3 Personen / Zubereitungszeit: 15 Minuten

Kürbissalat

1 Stück Kürbis (ca. 300 g) / 3 Äpfel / Saft einer Zitrone / 2 EL Sonnenblumenkerne / 3 EL Mandeln, gemahlen / etwas Meersalz, Muskatblüte, Koriander

Den Kürbis schälen, grob raffeln und in Zitronensaft 30 Minuten ziehen lassen. Die Äpfel hineinreiben, Gewürze und gemahlene Mandeln zugeben.

Für 3 Personen / Zubereitungszeit: 50 Minuten

Rohkostplatte

3 Kohlrabi / 3 Karotten / 2 Rettiche / 2 Tomaten / einige junge Weißkrautblätter

Kohlrabi in feine Streifen schneiden. Rettiche und Karotten separat auf einer Küchenreibe raspeln. Tomaten in Scheiben schneiden. Eine Platte mit Weißkrautblättern auslegen und das Gemüse darauf anrichten.

Mit verschiedenen Dips servieren.

Für 4 Personen / Zubereitungszeit: 20 Minuten

Rotkrautsalat

500 g Rotkraut / 2 Zwiebeln / 2 Äpfel / 1/2 TL Meerrettich / 2 Nelken / 1 Lorbeerblatt / Obstessig, Sonnenblumenöl, Meersalz, Pfeffer

Das Kraut fein hobeln und in wenig Salzwasser mit dem Lorbeerblatt und den Nelken etwa 10 Minuten dünsten. Aus dem Wasser nehmen und noch warm mit den Zwiebeln und den übrigen Gewürzen vermischen und eine halbe Stunde ziehen lassen. Zum Schluß die feingeschnittenen Apfelstreifen darunterheben.

Für 4 Personen / Zubereitungszeit: 25 Minuten

Rotkraut mit Früchten

500 g Rotkraut / 2 Orangen / 2 Äpfel / 2 Bananen / Saft einer Zitrone / 50 g Sultaninen / 2 EL Honig / 4 EL Sonnenblumenöl / 15 Walnußkernhälften

Den Rotkohl fein hobeln. Orangen schälen, Äpfel entkernen und in Würfel schneiden. Bananen in Scheiben schneiden. Das Obst mit dem Rotkraut mischen und mit Zitronensaft beträufeln. Sultaninen dazugeben. Honig mit dem Öl vermischen und darübergeben. Bedeckt eine Stunde ziehen lassen.

Servieren als Hauptspeise am Rohkosttag.

Für 4 bis 6 Personen / Zubereitungszeit: 20 Minuten

Weißkrautsalat

500 g Weißkraut / 1 Zwiebel, feingehackt / Obstessig und Sonnenblumenöl / Meersalz, Pfeffer, Petersilie

Das Weißkraut fein hobeln und in heißem Salzwasser 5 Minuten blanchieren. Das Kraut gut abtropfen lassen und mit den Gewürzen vermischen.

Für 4 Personen / Zubereitungszeit: 20 Minuten

Sauerkrautsalat

500 g Sauerkraut / 1 kleine Zwiebel / 2 EL Distelöl / 1 EL Zitronensaft / Majoran, frische Petersilie

Das Sauerkraut etwas zerkleinern und mit der feingehackten Zwiebel und den Gewürzen vermischen.

Für 4 Personen / Zubereitungszeit: 10 Minuten

Waldorfsalat

2 Äpfel / 1 kleiner Sellerie / 8 - 12 Weintrauben /
2 EL Walnußkerne / 1 TL Zitronensaft /
50 g süße Sahne / 1 Prise Meersalz

Die Äpfel entkernen, in kleine Würfel schneiden und mit Zitronensaft beträufeln. Den Sellerie schälen und auf einer Reibe feinraspeln. Weintrauben und grob gehackte Walnußkerne zugeben.

Halb steif geschlagene Sahne unterheben und mit einer Prise Salz abschmecken.

Für 3 Personen / Zubereitungszeit: 20 Minuten

Beerenobst mit Sahne

250 g Erdbeeren / 125 g rote Johannisbeeren /
125 g Brombeeren / 200 g süße Sahne / 2 EL Ahornsirup

Die geputzten und gewaschenen Beeren in eine Schale geben, mit Ahornsirup beträufeln und mit der steif geschlagenen Sahne servieren.

Für 3 Personen / Zubereitungszeit: 15 Minuten

Melone mit Weintrauben

1/2 reife Honigmelone / 250 g Weintrauben / 2 Birnen / 1 EL Zitronensaft / 1 EL Honig / 10 Walnußkernhälften / 1 Prise Vanille

Honigmelone schälen und würfeln. Die Birnen entkernen und in Streifen schneiden. Mit den übrigen Zutaten mischen.

Für 4 Personen / Zubereitungszeit: 15 Minuten

Winter-Fruchtsalat

2 Äpfel / 2 Orangen / 2 Bananen / 1 Kiwi / 1 EL Rosinen / 1 EL Sonnenblumenkerne / 1 EL Zitronensaft / 2 EL Ahornsirup / 1 Prise Zimt

Die Äpfel entkernen und in feine Streifen schneiden. Die Bananen und Kiwi schälen und in feine Scheiben schneiden. Die Orangen schälen und würfeln. Mit den übrigen Zutaten mischen.

Für 4 Personen / Zubereitungszeit: 15 Minuten

Gemüse der Saison

In unseren Breiten wachsen über 40 verschiedene Gemüsesorten, die uns durch ihr unterschiedliches arttypisches Aroma eine große Bandbreite an Geschmacksvariationen bieten.

Versuchen wir unsere Ernährung möglichst natürlich zu gestalten, so sollten wir den Speiseplan entsprechend der Jahreszeit ausrichten. Jede Jahreszeit bringt bestimmte Gemüsesorten hervor. Das Gemüse ist in der Hauptsaison geschmacklich am ausgereiftesten und zudem am preiswertesten. Einheimisches Gemüse ist immer zu bevorzugen. Als Ergänzung zu Gartengemüse können auch Wildkräuter und Wildgemüse dienen. Brennessel, Löwenzahn oder Sauerampfer geben jedem Menü eine besondere Note.

Das meiste Blatt- und Wurzelgemüse enthält rund 90 % Wasser. Dementsprechend ist der Gehalt an Eiweiß, Fett und Kohlenhydraten und damit auch an Kalorien gering. Der eigentliche Wert von Gemüse beruht neben seiner geschmacklichen Variationsbreite im Gehalt an Mineralstoffen und Vitaminen. Spinat zeichnet sich beispielsweise durch seinen hohen Anteil an Eisen aus, die Möhre enthält mehr Vitamin A als irgendeine andere Pflanze.

Die richtige Auswahl

Die Qualität des Gemüses ist wesentlich für das Gelingen eines Gemüsegerichtes. Gemüse wird nach Größe und optischem Äußeren in verschiedene Handelsklassen eingeteilt. Wollen wir jedoch die wirkliche Qualität des Gemüses beurteilen, sollten wir uns weniger auf die Einteilung in Handelsklassen verlassen, sondern uns vielmehr fragen, wie, wo und unter welchen Umständen das Gemüse angebaut wurde. Wurde der Blumenkohl mit Kunstdünger gezogen oder der Kopfsalat gegen Blattläuse gespritzt?

Kommen die Äpfel aus Südtirol oder Südafrika? Sind die Tomaten aus dem Freiland oder Gewächshaus? Nicht immer wird es möglich sein, diese Fragen zu beantworten. Schon eher lassen sich Frische, Geruch, Geschmack und Aussehen beurteilen. Ein vertrauensvolles Verhältnis zur Marktfrau oder zum lokalen Naturkostladen kann hier auch weiterhelfen.

Waschen, Putzen, Zerteilen

Wir waschen das Gemüse grundsätzlich. Auch naturgemäß gezogenes Gemüse kann fleckige, aber unschädliche Rückstände von organischen Düngerpräparaten oder Pflanzenschutzmitteln haben, die leicht abgewaschen werden können. Zudem lassen sich selbst einige auf dem Gemüse abgelagerten Umweltgifte durch gründliches Waschen zu einem erheblichen Teil entfernen.

Die meisten Gemüsearten brauchen nicht geschält zu werden. Auch bei Möhren, Pastinaken, Roten Beten und Kartoffeln läßt sich nach sorgfältiger Reinigung die ganze Pflanze verwenden. Wurzel- und Knollengemüse läßt sich am besten mit einer Bürste reinigen.

An das Waschen und Putzen schließt sich das Zerkleinern an. Das Zuschneiden von Gemüse kann zu einer hochentwickelten Kunst werden. Jede Wurzel oder Knolle hat ihren einzigartigen Aufbau und wird durch entsprechenden Zuschnitt für das Garen vorbereitet und in Form gebracht. Fein geraspeltes Gemüse ist oftmals verträglicher als im Stück genossenes Gemüse. Durch den Zerkleinerungsprozeß wird allerdings ein Teil der Lebendigkeit eingebüßt: Schneiden, Raspeln oder Pressen zerstört eine beträchtliche Zahl von Zellwänden: unter dem Einfluß von Licht,

Luft und Wasser geht ein Teil der Inhaltsstoffe verloren. Bereits geputztes und zerkleinertes Gemüse verwenden wir daher unmittelbar weiter. Wir setzen es so kurz wie möglich der Einwirkung von Sauerstoff aus und lassen es auch nicht in Wasser auslaugen.

Kochtechniken für Gemüse

Die schonendste Wärmebehandlung von Gemüse ist das Blanchieren. Dabei wird das Gemüse kurz mit kochendem Wasser 1 bis 3 Minuten überbrüht oder gekocht. Blanchieren eignet sich besonders für Blattgemüse wie Spinat oder Endivien, die dadurch bereits gar werden. Auch schwerverdauliches Gemüse kann mit bis zu fünfminütigem Blanchieren etwas aufgeschlossen werden; es eignet sich so besser zu Rohkost.

Eine ebenfalls schonende Garmethode ist das Dämpfen. Hierbei bedienen wir uns eines metallenen Dämpfeinsatzes, der in den Kochtopf gestellt wird. In den Topf wird soviel Wasser eingefüllt, daß das Gemüse im Dämpfeinsatz davon unberührt bleibt. Das Gemüse wird durch den Wasserdampf gegart. Durch das Dämpfen gehen nur wenige Mineralsalze verloren, das Aroma bleibt erhalten.

Besonders gut zum Dämpfen eignen sich Blumenkohl, Rosenkohl, Brokkoli, Zucchini u.a.m.

Die verbreitetste Art der Gemüsezubereitung ist das Dünsten. Dabei wird das Gemüse im eigenen Saft auf kleiner Flamme gegart. Die zugegebene Wassermenge wird so bemessen, daß gerade das Anbrennen des Gemüses verhindert wird. Zum Dünsten eignen sich fast alle Gemüsearten.

Ebenfalls weit verbreitet ist das Kochen in Wasser. Das Gemüse wird dabei halb oder ganz mit Wasser bedeckt. Diese Methode ist weniger empfehlenswert. Gekochtes Gemüse verliert an Geschmack, und auch die wasserlöslichen Vitamine und Mineralsalze gehen zum großen Teil ins Kochwasser über. Wird trotzdem auf die Methode zurückgegriffen, sollte das Kochwasser als Suppen- oder Saucengrundlage weiterverwendet werden.

Sautieren nennt man das Anbraten von Gemüse in heißem Öl oder Butter. In der ostasiatischen Küche verwendet man hierzu den Wok, ein dazu speziell geeignetes Kochgeschirr. Das Gemüse wird entsprechend der Garzeit in kleinere oder größere Stücke geschnitten und in heißem Öl kurz gegart.

Frühlingsgemüse

1 Gemüsezwiebel / 1 Lauchzwiebel / 1 rote Paprikaschote / 4 EL Sojasprossen / 1/2 Bd. Petersilie / 1 EL gerösteter Sesam / 2 EL Olivenöl / Sojasauce, Pfeffer

Die Gemüsezwiebel in Ringe schneiden, die Paprikaschote zweiteilen, entkernen und in Streifen schneiden. Die Lauchzwiebel mit Grün in kleine Stücke schneiden. Das Öl in einer Pfanne erhitzen und das Gemüse 10 Minuten scharf sautieren. Zum Schluß die Sojasprossen 1 Minute mitbraten. Mit Sojasauce und Pfeffer würzen. Sesam und gehackte Petersilie darüberstreuen.

Mit gekochter Hirse servieren.

Für 2 Personen / Zubereitungszeit: 20 Minuten

Zucchinigemüse

2 mittelgroße Zucchini (ca. 600 g) / 100 g süße Sahne / 1 Bd. Schnittlauch / Meersalz, Pfeffer

Die Zucchini waschen und in Scheiben schneiden. Mit einer 1/2 Tasse leicht gesalzenem Wasser 10 Minuten dünsten. Die Sahne hinzugeben und mit fein geschnittenem Schnittlauch garniert servieren.

Für 3 bis 4 Personen / Zubereitungszeit: 20 Minuten

Grüne Bohnen

500 g grüne Bohnen / 1 kleine Zwiebel, feingehackt / 1 Bd. Bohnenkraut / 1 EL Olivenöl / Meersalz und Pfeffer

Die Bohnen waschen und putzen und in 4-5 cm lange Stücke schneiden. In einem Topf das Öl erhitzen, die gut abgetropften Bohnen mit den Zwiebeln hineingeben und unter mehrmaligem Schwenken 3-4 Minuten sautieren, bis die Bohnen von allen Seiten einen schönen blaßgrünen Farbton haben. Gewürze und eine Tasse Wasser zugeben und bedeckt eine gute halbe Stunde auf kleiner Flamme dünsten. Servieren mit Backkartoffeln und griechischem Salat.

Für 3 Personen / Zubereitungszeit: 45 Minuten

Grüner Bohneneintopf

500 g grüne Bohnen / 2 rote Paprikaschoten / 4 Tomaten / 2 Zwiebeln / 3/4 l Gemüsebrühe / 1/2 Bd. Bohnenkraut / 1 EL Sonnenblumenöl / Meersalz, Pfeffer, Petersilie

Die grünen Bohnen in Salzwasser 20-25 Minuten dünsten. Unterdessen die feingehackte Zwiebeln in Öl glasig sautieren. Die gewürfelten Paprikaschoten zugeben und mit Salz und Pfeffer würzen. Mit der Gemüsebrühe ablöschen und auf kleiner Flamme köcheln lassen. Die gegarten Bohnen, die gewürfelten Tomaten und das Bohnenkraut hinzufügen und weitere 10 Minuten köcheln lassen.

Für 4 Personen / Zubereitungszeit: 40 Minuten

Schmorgurke mit Kartoffeln

500 g Schmorgurken / 250 g Kartoffeln /
1 große Zwiebel, gewürfelt / 3 EL Sahne /
1 EL Sonnenblumenöl / Meersalz, frischer Dill

Die Gurken schälen, der Länge nach teilen, entkernen und in 2-3 cm breite Streifen schneiden. Kartoffeln waschen und in Würfel schneiden. Die Zwiebel in Öl glasig dünsten. Zu den Zwiebeln die Gurken, Kartoffeln und Gewürze geben. Mit einer Tasse Wasser oder Gemüsebrühe ablöschen und 15 Minuten schwach dünsten. Vor dem Servieren die Sahne unterrühren.

Für 2 bis 3 Personen / Zubereitungszeit: 30 Minuten

Ratatouille

2 kleine Auberginen / 1 mittlere Zucchini / 500 g Tomaten / 2 Zwiebeln / 1 grüne Paprikaschote / 2 Knoblauchzehen / 3 EL Vollkornmehl / 3 EL Olivenöl / 1/4 l Gemüsebrühe / 1/2 TL Meersalz / Basilikum, Petersilie

Auberginen und Zucchini in 1-2 cm dicke Scheiben schneiden und in Streifen zerteilen. Mit Meersalz würzen und einige Minuten ziehen lassen. Tomaten vierteln. Die Paprikaschote zweiteilen, entkernen und in 1 cm dicke Streifen schneiden. Zwiebeln, Knoblauch und Kräuter fein hacken. Die Auberginen- und Zucchini-Stückchen in Mehl wälzen und mit Zwiebeln und Knoblauch in einer großen Pfanne in Öl 2-3 Minuten sautieren. Gemüsebrühe zugeben und 10 Minuten schwach dünsten. Tomaten und Kräuter zugeben und weitere 5 Minuten dünsten.

Mit Naturreis servieren.

Für 4 bis 5 Personen / Zubereitungszeit: 40 Minuten

Gefüllte Tomaten mit Reis

4 große feste Fleischtomaten / 1 Zwiebel, fein gehackt / 1 1/2 Tassen gekochter Naturreis / 2 EL gehackte Nüsse / 2 EL Olivenöl / 1/2 Tasse Gemüsebrühe / Petersilie, wenig Salz, wenig Pfeffer

Von den Tomaten einen Deckel abschneiden und die Tomaten sorgfältig aushöhlen. Zwiebel, Nüsse, Reis und Gewürze 3-4 Minuten in heißem Öl sautieren, in die Tomaten füllen und Deckel wieder aufsetzen. Tomaten in eine vorgefettete Pfanne geben, Gemüsebrühe, Mark und Kerne der Tomaten zugeben und zugedeckt im Backofen etwa 20 Minuten garen. Mit Tofu servieren.

Für 4 Personen / Zubereitungszeit: 45 Minuten

Gefüllte Kohlrabi

4 große Kohlrabi / 1 Zwiebel / 200 g Tofu / 2 EL Tomatenmark / 1-2 EL Sesamöl / 1 Bd. Schnittlauch / 1/4 l Gemüsebrühe / etwas Meersalz, Muskat, Paprika edelsüß

Die fein gewürfelten Zwiebeln in Öl glasig dünsten. Kohlrabi schälen und einen Deckel abschneiden, mit einem Messer aushöhlen und von innen mit Muskat würzen. Tofu zerdrücken, mit den Zwiebeln und einem Teil des Kohlrabimarks mischen. Tomatenmark hinzufügen und mit Salz und Paprika abschmecken.

Die Füllung in die Kohlrabi geben. In einer großen Pfanne das Öl erhitzen und die Kohlrabi 5 Minuten sautieren. Mit Gemüsebrühe ablöschen und bedeckt 40 Minuten auf kleiner Flamme garen.

Die Sauce nach Belieben mit Arrowroot binden. Vor dem Servieren die Kohlrabi mit gehacktem Schnittlauch bestreuen.

Für 4 Personen / Zubereitungszeit: 60 Minuten

Fenchel überbacken

4 Fenchelknollen / 150 g Käse / 1/4 l Wasser / Meersalz

Die von den Stielen und äußeren Blättern befreiten Fenchelknollen werden der Länge nach in 1 cm dicke Scheiben geschnitten und in etwas Salzwasser 15-20 Minuten gedünstet. Die letzten beiden Minuten das Gemüse mit Käsescheiben abdecken. Mit Vollkornnudeln und gemischtem Salat servieren.

Für 4 Personen / Zubereitungszeit: 35 Minuten

Blumenkohl-Nudelauflauf

1 mittelgroßer Blumenkohl / 250 g Vollkornnudeln / 1 Ei / 1/4 l Milch / 100 g Käse / 2 EL Butter / 1 EL Semmelbrösel / Meersalz, Pfeffer, Muskat

Den Blumenkohl putzen und unzerteilt über Dampf oder in etwas Salzwasser 10-15 Minuten garen. In einem zweiten Topf die Nudeln in Salzwasser 8-10 Minuten kochen. Blumenkohl und Nudeln sollten nicht zu gar gekocht sein. In einer kleinen Schüssel das Ei mit der Milch verquirlen und kleine Käsewürfel und Gewürze dazugeben. Eine Auflaufform einfetten und darin den ganzen Blumenkohl in der Mitte placieren . Die Nudeln um den Blumenkohl herum verteilen und die verquirlte Sauce darüber gießen. Zugedeckt im Backofen etwa 15 Minuten backen. Zum Schluß in einer Bratpfanne die Butter zerlaufen lassen. Unter ständigem Rühren die Semmelbrösel darin goldbraun braten und über den Blumenkohl geben.

Für 4 Personen / Zubereitungszeit: 20 Minuten
Backzeit: 20 Minuten

Blumenkohl-Bratlinge

1 Blumenkohl / 2 Eier / 3 EL Vollkornmehl / Vollkornsemmelbrösel / 1 Bd. frischer Schnittlauch / Meersalz, Pfeffer

Den Blumenkohl waschen und in etwas Salzwasser oder im Dampfeinsatz etwa 10 Minuten garen. Aus dem Topf nehmen und mit einer Gabel fein zerkleinern. Den zerdrückten Blumenkohl mit den Eiern, dem Mehl und den Gewürzen zu einem Teig verarbeiten und je nach Bedarf Semmelbrösel untermischen. Zu flachen Küchlein formen und von beiden Seiten in heißem Öl ausbacken. Mit Naturreis und Salat servieren.

Für 4 Personen / Zubereitungszeit: 30 Minuten

Lauchgemüse mit Rosinen

2 Stangen Lauch (ca. 400 g) / 5 EL Rosinen / 2 EL süße Sahne / Meersalz

Den Lauch der Länge nach halbieren, gut waschen und in 1 cm breite Streifen schneiden. Zusammen mit den Rosinen in einen Topf geben und in etwas Wasser 10-15 Minuten dünsten. Mit Salz abschmecken und kurz vor dem Servieren die Sahne unterziehen. Mit käseüberbackenen Petersiliekartoffeln servieren.

Für 3 bis 4 Personen / Zubereitungszeit: 25 Minuten

Lauch gratiniert

500 g Lauch / 100 g süße Sahne / 200 g Emmentaler / 2 EL Semmelbrösel / Meersalz, Muskat

Den Lauch gut waschen und in 2-3 cm breite Streifen schneiden. In wenig Salzwasser 10 Minuten dünsten oder im Dampfeinsatz dämpfen. In eine Kasserolle geben und die Sahne darüber gießen.

Obenauf Käse und Semmelbrösel verteilen. Mit Muskat abschmecken. Im Backofen bei mittlerer Hitze 20 Minuten gratinieren.

Servieren mit Teigwaren oder Hirse.

Für 4 Personen / Zubereitungszeit: 20 Minuten
Backzeit: 20 Minuten

Mangold überbacken

600 g Mangold / 1 große Zwiebel / 3 Eier / 150 g Bergkäse / 1 EL Distelöl / Meersalz, Pfeffer, Muskat

Die Mangoldstiele in 1/2 cm breite, die Mangoldblätter in 3 cm breite Streifen schneiden. In heißem Öl zusammen mit den gewürfelten Zwiebeln andünsten und mit einer halben Tasse Wasser ablöschen. 6-8 Minuten leicht köcheln lassen. In einer kleinen Schale die Eier zerkleppern und würzen. Den gedünsteten Mangold in eine eingefettete Auflaufform geben. Die Eier und den geriebenen Käse dazugeben und im Backofen bei mittlerer Hitze etwa 20 Minuten überbacken. Mit Tofu und Kartoffelbrei servieren.

Für 3 bis 4 Personen / Zubereitungszeit: 20 Minuten
Backzeit: 20 Minuten

Rahmspinat

500 g Spinat / 100 g süße Sahne / 1 EL Butter / Meersalz, Pfeffer

Die Spinatblätter gut waschen, evtl. grob zerteilen und mit den Stielen mit 1/4 Tasse Wasser in einem großen Topf aufsetzen. Mit Salz und Pfeffer würzen und auf kleiner Flamme 6-8 Minuten garen. Sahne unterrühren und mit Butter abschmecken.

Servieren mit Kartoffelbrei und Spiegelei.

Für 2 bis 3 Personen / Zubereitungszeit: 25 Minuten

Variante: Den gekochten Spinat mit einem Pürierstab fein pürieren, dann Sahne und Butter zugeben.

Sellerieschnitzel

1 große Sellerieknolle / 1 Ei / 2 EL Semmelbrösel / 2 EL Sesamöl / Meersalz, Pfeffer

Den Sellerie schälen und in 1/2 cm dicke Scheiben schneiden. Die Selleriescheiben würzen und in Ei und Semmelbrösel wenden. In heißem Öl von beiden Seiten knusprig braten.

Mit Hirse und Tahin servieren.

Für 3 Personen / Zubereitungszeit: 20 Minuten

Möhren mit Pastinaken

200 g Möhren / 200 g Pastinaken / 1 EL Butter / 1/2 Becher süße Sahne / Meersalz, Koriander, Petersilie

Möhren und Pastinaken gut waschen und in kleine Stäbchen schneiden. In einer Pfanne die Butter auslassen und das Gemüse darin 2-3 Minuten dünsten. Mit etwas Meersalz und einer Prise Koriander würzen. 1/4 Liter Wasser zugeben und weitere 15 Minuten dünsten. Sahne unterrühren und mit frisch gehackter Petersilie bestreuen. Mit Naturreis servieren.

Für 3 bis 4 Personen / Zubereitungszeit: 25 Minuten

Möhren in Honigwasser

750 g Möhren / 1/8 l Wasser / 1 TL Honig / 3 EL Butter / 1/2 Bd. Petersilie / Meersalz

Die Möhren putzen und der Länge nach vierteln. In einer Pfanne die Butter auslassen und die Möhren darin 4-5 Minuten sautieren. Den Honig ins Wasser geben, die Möhren zugeben und mit etwas Meersalz abschmecken. Bedeckt etwa 25 Minuten dünsten. Vor dem Servieren frisch gehackte Petersilie überstreuen. Servieren mit Kartoffelpüree und gebratenem Tofu.

Für 4 Personen / Zubereitungszeit: 35 Minuten

Gratinierter Brokkoli

500 g Brokkoli / 200 g Edamer Käse / Butter, Meersalz

Den Brokkoli gut waschen und evtl. in kleine Röschen zerteilen. Beim Garen in einem Dämpfeinsatz (siehe Seite 50), behält dieses zarte Gemüse die Form und sein volles Aroma. Nach etwa 8-10 Minuten den Brokkoli aus dem Dämpfer nehmen und in eine mit Butter eingefettete kleine Kasserolle geben. Mit einer Prise Meersalz würzen, die Röschen mit dünnen Käsescheiben bedecken und im Backofen etwa 15 Minuten überbacken.

Mit Hirse und Tofu servieren.

Für 3 Personen / Zubereitungszeit: 20 Minuten /
Backzeit: 15 Minuten

Rote Bete-Topf

500 g Rote Bete / 1 Stange Lauch / 3 Kartoffeln /
1/4 Weißkohl (200-300 g) / 1 Petersilienwurzel /
1 l Gemüsebrühe / 2 Lorbeerblätter / 2 Nelken /
Meersalz, Pfeffer, Petersilie

Die gut gebürsteten Rote Bete mit Schale halbieren und in feine Scheiben schneiden, in die Gemüsebrühe geben und auf kleiner Flamme 20 Minuten kochen. Unterdessen die Kartoffeln und Petersilienwurzel würfeln, den Kohl in Streifen schneiden, den Lauch in Ringe schneiden, die Zwiebel feinhacken und zu den Roten Beten hinzufügen. Würzen und weitere 30 Minuten kochen.

Mit frisch gehackter Petersilie bestreuen.

Für 5 Personen / Zubereitungszeit: 60 Minuten

Wirsing in Sahnesauce

1 kleiner Wirsing (ca. 500 g) / 1 Zwiebel, feingehackt /
1/2 Becher süße Sahne / 1 EL Butter /
Meersalz, Pfeffer, Muskat

Den Wirsing waschen, grob zerteilen und mit der Zwiebel in etwas Salzwasser ca. 20 Minuten dünsten. In eine Schüssel geben, mit Pfeffer und Muskat würzen und mit einem Pürierstab oder Mixer fein pürieren. Sahne und Butter unterrühren. Servieren mit Backkartoffeln und Feldsalat.

Für 2 bis 3 Personen / Zubereitungszeit: 35 Minuten

Rosenkohl mit Maronen

500 g Rosenkohl / 250 g Maronen / 1 EL Butter /
Meersalz, Muskat

Den Rosenkohl putzen und in der ausgelassenen Butter 3-4 Minuten sautieren. Mit 1/2 l heißem Wasser auffüllen, salzen und auf kleiner Flamme 20 Minuten köcheln lassen. Unterdessen die Kastanien mit einem spitzen Messer einritzen und im Backofen etwa 10 Minuten rösten, bis sich die Schale leicht lösen läßt.

Die geschälten Kastanien zum Rosenkohl geben und nochmals 45 Minuten garen. Mit geriebener Muskatnuß abschmekken.

Mit Hirse oder Grünkern servieren.

Für 4 Personen / Zubereitungszeit: 35 Minuten

Schwarzwurzeln

750 g Schwarzwurzeln / 2 EL Butter / 50 g Emmentaler, gerieben / 2 EL Essig / 1/2 TL Meersalz / 1 MS Muskatnuß

Den Essig in einen Topf mit Wasser geben. Die Schwarzwurzeln unter fließendem Wasser mit einem Kartoffelmesserchen schälen, in 4 cm lange Stücke schneiden und sofort in das Essigwasser geben, da sich die Schwarzwurzeln sonst verfärben. Salzen und auf kleiner Flamme 25-30 Minuten kochen. Das Kochwasser abgießen, die Schwarzwurzeln mit Butter und Muskat abschmecken und mit dem geriebenen Käse bestreuen. Servieren mit Backkartoffeln und Feldsalat.

Für 3 bis 4 Personen / Zubereitungszeit: 45 Minuten

Kürbis in Sahnesauce

*1 kleiner Hokkaido-Kürbis (1 200 bis 1 500 g) /
2 mittelgroße Zwiebeln, gewürfelt / 3/4 Becher süße Sahne /
2 EL Sonnenblumenöl / Meersalz, Pfeffer, Petersilie, Butter*

Den Kürbis vierteln, entkernen, schälen und in 1-2 cm große Würfel schneiden. Die Zwiebeln in einer großen Pfanne kurz in heißem Öl andünsten, den Kürbis und etwas Wasser oder Gemüsebrühe dazugeben, würzen und bedeckt etwa 15 Minuten schwach kochen lassen. Die Sahne zugeben und evtl. mit einem Eßlöffel Arrowroot andicken. Vor dem Servieren mit einem Stich Butter abschmecken und die gehackte Petersilie darüberstreuen. Servieren mit Hirse oder Naturreis und Rote Bete-Salat.

Für 5 bis 7 Personen / Zubereitungszeit: 40 Minuten

Kürbis amerikanisch

1 Hokkaido-Kürbis (1-2 kg) / 1 Tasse Cous Cous, gekocht / 1 Möhre, geraspelt / 1 Zwiebel, gewürfelt / 50 g frische Pilze / 1-2 EL Sojasauce (Shoyu) / 1/4 Bd. Petersilie / etwas Sesamöl und Meersalz

In einer Pfanne das Öl erhitzen und darin die Zwiebeln, Pilze und Möhren 6 bis 8 Minuten sautieren. Mit Cous Cous und Petersilie vermengen, mit Sojasauce abschmecken und vom Feuer nehmen. Von der oberen Seite des Kürbisses einen 2 bis 3 cm hohen Deckel abschneiden. Mit einem Löffel das Kerngehäuse herausnehmen. Das Innere etwas salzen und die Füllung hineingeben. Den Deckel wieder aufsetzen und den Kürbis auf einem gefetteten Blech oder in einer mit etwas Wasser gefüllten großen Pfanne im Backofen etwa 40 bis 50 Minuten garen.

Für 4 bis 5 Personen / Zubereitungszeit: 20 Minuten
Backzeit: 50 Minuten

Sauerkrautauflauf

500 g Sauerkraut / 250 g Kartoffeln / 3 Eier / 1/8 l Milch / 2 Tomaten / etwas Meersalz, Majoran, Muskat

Die Kartoffeln mit Schale in Wasser 15-20 Minuten garen. Das Sauerkraut in eine eingefettete Auflaufform geben. Die Kartoffeln in Würfel schneiden und darüberschichten, darauf die in Scheiben geschnittenen Tomaten legen. Aus den Eier, der Milch und Gewürzen eine Sauce schlagen und alles damit übergießen.

Im Backofen bei mittlerer Temperatur 20 Minuten backen.

Für 3 bis 4 Personen / Zubereitungszeit: 25 Minuten
Backzeit: 20 Minuten

Meeresgemüse

1/2 Tasse Arame-Algen / 1 Möhre, in Stifte geschnitten / 1 TL Sesamöl / 1 EL Sojasauce (Shoyu) / 1 TL Sesamsaat

Die Algen in einer Schale mit kaltem Wasser 10 Minuten einweichen. Aus dem Wasser nehmen und gut abtropfen lassen. In einer Pfanne das Öl erhitzen und die Algen mit den Möhren darin kurz sautieren. Mit einer halben Tasse Wasser ablöschen und auf kleiner Flamme 20 Minuten garen. Zwischendurch mit Sojasauce würzen. Vor dem Servieren mit Sesamsaat bestreuen.

Mit Naturreis servieren.

Für 2 Personen / Zubereitungszeit: 35 Minuten

Kartoffelpüree

500 g Kartoffeln / 1/4 l Milch / 1 EL Butter / Meersalz und Muskat

Die Kartoffeln etwa 20-25 Minuten in der Schale gar kochen, pellen und in die heiße Milch geben. Mit einem Kartoffelstampfer oder Mixer pürieren. Die Butter zugeben, mit Meersalz und Muskat abschmecken und nochmals gut verrühren.

Mit Mangold und Spiegelei servieren.

Für 2 bis 3 Personen / Zubereitungszeit: 40 Minuten

Pellkartoffeln mit Quark

750 g Kartoffeln / 750 g Quark, 20 % / 4 EL Leinöl / 2 Bd. Schnittlauch / 1/4 l Milch / Meersalz und Pfeffer

Die Kartoffeln in der Schale bedeckt mit Wasser in 20-25 Minuten garen. Den Quark mit der Milch und dem feingehackten Schnittlauch verrühren und mit Meersalz und Pfeffer abschmecken. Zu jeder Portion Pellkartoffeln mit Quark ein EL Leinöl geben.

Für 4 Personen / Zubereitungszeit: 30 Minuten

Gewürzkartoffeln

750 g Kartoffeln / 2 EL Butter

Als Gewürze eignen sich alle frischen und getrockneten Kräuter und Gewürze. Es können wahlweise kombiniert werden: Petersilie und Schnittlauch; Ingwer und Cumin; Curcuma und Cumin; Basilikum und Oregano; Dill, Schnittlauch und Kerbel;

Die Kartoffeln in der Schale bedeckt mit Wasser in 20-25 Minuten garen. Danach pellen und kurz unter Zugabe der Gewürze in der heißen Butter schwenken. Mit einer Rohkostplatte servieren.

Für 3 bis 4 Personen / Zubereitungszeit: 40 Minuten

Kartoffelsalat mit Minze

750 g Kartoffeln / 20 frische Minzeblätter / 4 EL Sonnenblumenöl / 1 TL Apfelessig / 1 TL Honig / Meersalz, Pfeffer

Die Salatkartoffeln in der Schale etwa 20-25 Minuten kochen. Die Kartoffeln schälen und in dünne Scheiben schneiden. Aus Öl, Essig, Honig und Gewürzen eine Sauce anrühren und über die Kartoffeln geben. Die Minzeblätter fein hacken und mit dem Salat gut vermischen. Eine halbe Stunde ziehen lassen.

Für 4 Personen / Zubereitungszeit: 40 Minuten

Topinambur gebacken

1 kg Topinambur / 2 Stangen Lauch / 1 Möhre / 1 Kohlrabi / 1 Zwiebel / 2 EL Sesamsaat / 100 g Bergkäse / 100 g saure Sahne / Meersalz, Pfeffer, Basilikum

Topinambur in 1/2 cm dicke Scheiben schneiden. Das Gemüse fein schneiden oder würfeln, die Zwiebel fein hacken. Eine Auflaufform einfetten und schichtenweise Topinambur und Gemüse hineingeben. Jede Schicht würzen und mit Sesamsaat bestreuen. Zum Schluß den Käse darüberreiben und mit saurer Sahne übergießen. Im vorgeheizten Backofen bei 200° C 40 Minuten backen. Dazu grünen Salat servieren.

Für 5 Personen / Zubereitungszeit: 20 Minuten
Backzeit: 40 Minuten

Getreidegerichte

Seit unsere Vorfahren dazu übergingen, Ackerbau zu betreiben, kommt dem Getreide in der Ernährung des Menschen eine überragende Stellung zu. Bis vor ein oder zwei Jahrhunderten diente das Getreide auf dem ganzen Erdball als wichtigste Ernährungsgrundlage: In Europa waren es Weizen, Roggen, Gerste und Hafer, in Afrika Hirse, in Mittel- und Südamerika Mais und in Asien Reis und Buchweizen. Kaum ein anderes Nahrungsmittel enthält alle lebensnotwendigen Stoffe in so ausgeglichener Weise wie das Getreide. Eiweiß und Fette, Kohlenhydrate, Vitamine, Mineral- und Ballaststoffe - sie alle sind in jeder Getreideart in ausreichendem Maße vorhanden.

Um so erstaunlicher muß es erscheinen, daß der Verzehr von Getreide seit 150 Jahren beständig abnimmt. Die Verbreitung der Kartoffel sowie die nach dem Kriege verstärkte Hinwendung zu Fleisch und anderen tierischen Nahrungsmitteln ließ den jährlichen Pro-Kopf-Verbrauch an Getreide mehr und mehr absinken. Vom täglichen Brot einmal abgesehen, wurde das Getreide zur Beilage degradiert oder gänzlich aus dem Speiseplan gestrichen.

Hinzu kommt, daß es üblich wurde, vom vollen Korn die vitamin- und mineralstoffreichen Randschichten zu entfernen. Getreide wird überwiegend in einer denaturierten Form verzehrt. Spricht man heute von Getreide, so denken die meisten Leute an (Weiß-)Brot, allenfalls noch an ebenso weiße Spaghetti oder Spätzle. Das ganze Korn oder daraus zubereitete Suppen, Breie, Aufläufe und Grützen sind nahezu vollständig von unserem Tisch verschwunden. Nicht so in der Vollwertküche. Hier kommt dem Getreide nach wie vor der ihm gebührende Platz zu. Die Ernährung mit vollem Schrot und Korn nahm in den letzten Jahrzehnten geradezu eine stürmische Entwicklung. Die Renaissance der

Getreidekost basiert in erster Linie auf Vollkornbrot, Naturreis, Müsli und Vollkornnudeln.

Daß eine ausgewogene Ernährung mit Getreide noch weitaus mehr sein kann, wollen wir mit unserer kleinen Rezeptauswahl an schmackhaften Getreidegerichten aufzeigen.

Die Getreidesorten

Von den Getreidearten dienen uns vornehmlich Reis, Hirse, Hafer, Grünkern und Buchweizen zum Kochen. Weizen und Roggen dagegen werden weniger als ganzes Korn zubereitet - sie sind die beiden klassischen Brotgetreide.

Reis ist die verbreitetste Getreideart. Nahezu die Hälfte der Menschen ernähren sich hauptsächlich von Reis. Im Fernen Osten ist dieses Getreide so bedeutsam, daß in manchen Sprachen das Wort „Reis“ mit dem Wort „Mahlzeit“ identisch ist. Während in der bürgerlich-deutschen Küche polierter Reis ein mehr als dürftiges Schattendasein fristet, wird in der Vollwertküche naturbelassener Reis dafür um so mehr geschätzt. Seine besondere Bedeutung ist vornehmlich auf die vielseitigen Verwendungsmöglichkeiten zurückzuführen. Von allen Getreidearten ist Reis zudem das am leichtesten verdauliche Korn. Und sicherlich das Ausschlaggebende für die neuerliche Popularität von naturbelassenem Reis: Naturreis zeichnet sich vor allem durch seinen kernigen und herzhaften Geschmack aus.

Hirse war bis ins letzte Jahrhundert hinein auch in Deutschland ein beliebtes Breigetreide. Sie ist seither etwas in Vergessenheit geraten. Dabei zählt Hirse mit einem Eiweißanteil von knapp 10 % zu den eiweißhaltigsten Getreidearten. Das in ihr enthaltene Fluor macht sie zu einer natürlichen Kariesprophylaxe. Durch den hohen Gehalt an Kieselsäure hat Hirse auch eine positive Wirkung auf Haut, Haare und Nägel. Wir wissen Hirse insbesondere wegen ihrer einfachen und schnellen Zubereitung zu schätzen. Sie ist zwar das härteste Getreide, läßt sich dessen ungeachtet in 10 -15 Minuten gar kochen und wird dabei ganz weich.

Hafer war ursprünglich das Hauptnahrungsmittel der alten Germanen. Mit einem Fettgehalt von rund 7 % ist Hafer das fetthaltigste Getreide. Es enthält überdurchschnittlich viel an essentiellen Fettsäuren. Zudem findet sich in Hafer auch eine beträchtliche Menge an Kalzium, welches besonders für die Knochen- und Zahnbildung unentbehrlich ist. Haferkost empfiehlt sich von daher insbesondere für das heranwachsende Kind.

Gerste gehört zu den ältesten Kulturpflanzen. Archäologische Funde weisen darauf hin, daß Gerste bereits im 7. und 6. Jahrtausend vor Christus angebaut wurde. Gerste ist eine anspruchslose und widerstandsfähige Getreideart und gedeiht selbst noch im Himalaya in Höhenlagen bis zu 4 000 Metern. Ein aus Gerste gewonnenes besonders beliebtes Gericht waren bis vor wenigen Jahrzehnten noch Graupen. Getreidegerichte aus Gerste sind heute von lediglich untergeordneter Bedeutung. Gerste wird in erster Linie zu Malzkaffee und Malzextrakt verarbeitet, und als Brauereigerste vor allem zur Bierherstellung verwendet.

Weizen ist das in der westlichen Welt mit Abstand vorherrschende Getreide. Durch den hohen Anteil von kleberhaltigem Eiweiß eignet es sich vorzüglich als Brotgetreide. Darüber hinaus bildet der aus Hartweizen gewonnene Grieß die Grundlage zur Herstellung von Teigwaren. Weizen als ganzes Korn eignet sich allerdings weniger gut zum Kochen. In unsere Rezeptsammlung haben wir lediglich Bulgur und Cous Cous aufgenommen, beides Produkte aus bereits weiterverarbeitetem Weizen. Weizen wissen wir insbesondere gekeimt oder geschrotet als Müslianteil zu schätzen.

Eine altbekannte Weizenart, nach der die Nachfrage in den letzten Jahren wieder sprunghaft angestiegen ist, ist **Dinkel** und daraus hergestellter **Grünkern**. Grünkern ist durch das Darren bereits etwas aufgeschlossen und kann vorzüglich als ganzes Korn zubereitet werden. Aus diesem besonders herzhaften Getreide lassen sich auch pikante Bratlinge, Klöße und die Grünkernschrotsuppe zubereiten.

Was über den Weizen gesagt wurde, trifft teilweise auch für den **Roggen** zu. Dieses anspruchslose Getreide eignet sich vor allem als Brotgetreide. Roggenbrot zeichnet sich durch seinen herzhaften und kräftigen Geschmack aus.

Mais ist, von Futtermais einmal abgesehen, bei uns bislang die am wenigsten verbreitete Getreideart. In Nord-, Mittel- und Südamerika dagegen gehört diese durch seine große Kolbenform etwas untypische Getreideart seit alters her zu den Grundnahrungsmitteln. Auf dem Balkan ist Polenta, ein Brei aus geschroteten Maiskörnern, sehr beliebt.

Buchweizen ist botanisch gesehen kein Getreide, sondern gehört zur Pflanzenfamilie der Knöterichgewächse. Doch von seiner Zusammensetzung her ist es durchaus mit anderen Getreidearten vergleichbar. Das lysinreiche Eiweiß und der äußerst hohe Kalziumgehalt machen Buchweizen zu einer wertvollen Ergänzung zur übrigen Getreidekost. Buchweizen braucht wie Hirse nur kurze Zeit zum Garen. Geröstet gewinnt er ein besonders duftendes Aroma. Aus Buchweizenmehl lassen sich wohlschmekkende Nudeln herstellen.

Gekochter Naturreis

1 Tasse Naturreis / 2 1/2 Tassen Wasser / 1 Prise Meersalz

Den gut gewaschenen Reis zusammen mit Wasser und Salz in einem Topf zum Kochen bringen, 3 Minuten kochen lassen und dann bei schwacher Hitze zugedeckt 40 bis 50 Minuten leicht kochen lassen, bis kein Wasser mehr im Topf ist. Während des Kochens nie umrühren. Vom Feuer nehmen und noch weitere 5 Minuten nachziehen lassen.

Für 3-4 Personen / Zubereitungszeit: 45-60 Minuten

Reisbratlinge

4 Tassen gekochter Rundkornreis / 1 Möhre, geraspelt / 1 große Zwiebel, fein gewürfelt / 1 Ei / 3 EL Olivenöl / etwas Meersalz, Pfeffer, Thymian, frische Petersilie

Reis in eine Schüssel geben, Gemüse, Ei und Gewürze untermischen und gut durchkneten. Mit angefeuchteten Händen feste Küchlein formen. In einer großen Bratpfanne das Öl erhitzen und die Küchlein von beiden Seiten jeweils 5 bis 7 Minuten goldbraun braten. Mit Avocado Dip und Sprossensalat servieren.

Ergibt ca. 6 Bratlinge / Zubereitungszeit: 25 Minuten

Curry Reis

4 Tassen gekochter Langkornreis / 1 Möhre, geraspelt / 1 kleine Lauchstange, in Ringe geschnitten / 1 TL Curry / 2 EL Kokosfett / etwas Meersalz

Kokosfett in einer Pfanne erhitzen und das Gemüse auf kleiner Flamme 5 bis 7 Minuten sautieren. Reis und Curry zugeben, gut miteinander vermischen und bedeckt weitere 5 Minuten schwach ziehen lassen. Mit Endivien- oder Chicoréesalat servieren.

Für 3 Personen / Zubereitungszeit: 20 Minuten

Gelber Reis mit Nüssen

3 Tassen gekochter Langkornreis / 2 Zwiebeln, gewürfelt / 1/2 Tasse Kokosflocken / je 5 Mandeln und Cashewkerne / 1/2 TL Curry / 1 TL Curcuma / 2 EL Sonnenblumenöl / etwas Meersalz und Pfeffer

Die Zwiebeln in heißem Öl glasig sautieren. Reis, Gewürze und Kokosflocken hinzugeben und braten, bis der Reis schön gelb ist. Cashewkerne und gehackte Mandeln unterheben. Servieren mit Avocado Dip und grünem Salat.

Für 4 Personen / Zubereitungszeit: 15 Minuten

Risotto

4 Tassen gekochter Naturreis / 2 Tomaten, geviertelt / 2 Eier, hartgekocht in Scheiben / 50 g Cashewkerne / 4 EL geriebener Käse / 1 EL Petersilie, gehackt / 1 TL Sojasauce / 2 EL Vollkornsemmelbrösel / Saft und Schale einer halben Zitrone / etwas Meersalz

Bis auf Semmelbrösel und Käse alle Zutaten miteinander mischen und in eine vorgefettete Kasserolle geben. Oberfläche mit Brotkrumen und Käse bestreuen und im Ofen 20 bis 25 Minuten backen. Mit Apfel-Möhren-Rohkost servieren.

Für 4 bis 5 Personen / Zubereitungszeit: 40 Minuten

Reisbällchen

2 Tassen Rundkornreis, gekocht / 2 EL Sesamsaat

Den Sesam in einer schweren Pfanne 3 bis 4 Minuten ohne Fett rösten, bis sich ein wohlriechendes Aroma entfaltet. Mit angefeuchteten Händen den Reis zu kleinen Bällchen formen und im Sesam wälzen. Ein kleiner Snack, auch als Reiseproviant. Gut auch zur Resteverwertung

Variante: Anstelle weißer Sesamsaat die schwarze verwenden.

Ergibt 5-6 Reisbällchen / Zubereitungszeit 10 Minuten

Bengalische Reisplatte

4 Tassen Langkornreis / 1 kleiner Blumenkohl / 1 Möhre / 1 Lauchzwiebel / 2 EL Mandeln / 2 EL Rosinen / 2 EL Butter / 200 g süße Sahne / Meersalz, Curcuma, Koriander, Minze

Den Reis nach dem Grundrezept kochen. Den Blumenkohl etwa 15 Minuten dämpfen. Die Möhre auf der Küchenreibe fein raspeln. Die Lauchzwiebel mit dem Grün in feine Ringe schneiden.

In einer großen Pfanne die Rosinen und feingehackten Mandeln in einer halben Tasse Wasser 5-6 Minuten dünsten. Butter hinzugeben und den Reis darunter mischen. Mit Salz, Koriander und Curcuma würzen und 4-5 Minuten auf kleiner Flamme sautieren. Auf einer vorgewärmten Platte den Reis anrichten. Die Sahne steif schlagen, über den Reis geben und die feingeschnittene Minze darüber streuen. Blumenkohl, Möhre und Lauchzwiebeln um den Reis herum plazieren.

Für 5 bis 6 Personen / Zubereitungszeit: 60 Minuten

Milchreis

250 g süßer Naturreis oder Rundkornreis / 1/2 l Wasser / 1/2 l Vollmilch / 2 EL Butter / 3 EL Ahornsirup / Vanille oder Zimt

Für Milchreis eignet sich am besten süßer Naturreis, eine spezielle Züchtung, die besonders kleberhaltig ist und beim Kochen sehr weich wird. Den Reis in Wasser aufkochen. Die Milch hinzugeben und auf kleiner Flamme 45 Minuten köcheln lassen. Mit Vanille oder Zimt abschmecken. Die Butter einrühren und den Reis mit Ahornsirup beträufeln. Servieren mit frischem Beerenobst oder Eingemachtem.

Für 5 Personen / Zubereitungszeit: 50 Minuten

Reissalat

4 Tassen Langkornreis, gekocht / 2 Äpfel / 1 kleine Zwiebel / 2 Paprikaschoten, rot und grün / 3 Tomaten / 2 EL Weinessig / 1 TL Senf / 4 EL Olivenöl / Meersalz, Oregano, Pfeffer, Schnittlauch

Die Zwiebel fein hacken. Paprikaschoten zweiteilen, entkernen und in feine Streifen schneiden. Die Tomaten und die entkernten Äpfel würfeln. Das Gemüse und die Äpfel unter den gekochten Reis heben. Aus Essig, Öl und den Gewürzen eine Marinade anrühren und über den Salat geben. 30 Minuten ziehen lassen. Mit feingehacktem Schnittlauch garnieren.

Für 5 bis 6 Personen / Zubereitungszeit: 20 Minuten

Hirse natur

1 Tasse Hirse / 3 Tassen Wasser / etwas Meersalz

Die Hirse waschen, in einen Topf geben und in kaltem Wasser aufsetzen. Aufkochen, mit Salz würzen und bei kleiner Hitze 15-20 Minuten quellen lassen.

Für 3 Personen / Zubereitungszeit: 20 Minuten

Hirse süß

2 Tassen Hirse / 3 Tassen Wasser /
2 Tassen Vollmilch oder Sojamilch / 50 g Rosinen /
50 g Haselnußkerne, grob gehackt /
1/2 Zitrone, Saft und geriebene Schale /
1 EL Honig oder 2 EL Ahornsirup /
Kardamom, Zimt, Vanille oder Ingwer

Die Hirse in einem Topf mit Wasser und Milch etwa 15 Minuten auf kleiner Flamme kochen. Mit etwas Butter eine Auflaufform einfetten. Die Hirse mit den übrigen Zutaten hineingeben und mischen. Im Backofen bei mittlerer Hitze etwa 25 Minuten goldgelb backen. Mit eingemachtem Obst servieren.

Für 5 Personen / Zubereitungszeit: 45 Minuten

Hirse mit Blumenkohl

1 Tasse Hirse / 1 Blumenkohl / 150 g Emmentaler / Meersalz

Die Hirse nach dem Grundrezept kochen. Den Blumenkohl putzen und in wenig Wasser oder im Dampfeinsatz etwa 20 Minuten garen. Die Hirse in eine Kasserolle geben, den geviertelten Blumenkohl darauflegen, mit geriebenem Käse bedecken und 15 Minuten im Ofen bei 200° C gratinieren.

Mit Möhrensalat servieren.

Für 3 bis 4 Personen / Zubereitungszeit: 25 Minuten
Backzeit: 15 Minuten

Hirse in Tomatensauce

2 Tassen Hirse, gekocht / 1 Zwiebel, feingehackt / 4 Tomaten oder 2 EL Tomatenmark / 1/4 l Gemüsebrühe / 100 g Emmentaler, gerieben / 1 EL Sonnenblumenöl / Meersalz, Majoran, Rosmarin, Minze

Die Zwiebeln in heißem Öl sautieren, die gewürfelten Tomaten zugeben und mit der Gemüsebrühe ablöschen. Die Hirse und Kräuter untermischen und 6-8 Minuten köcheln lassen. Mit dem geriebenen Käse bestreuen und bedeckt weitere 2-3 Minuten auf kleinem Feuer lassen. Mit frischen Pfefferminzblättern garnieren.

Servieren mit Endiviensalat.

Für 3 Personen / Zubereitungszeit: 20 Minuten

Hafer natur

1 Tasse Hafer / 2 Tassen Wasser / 1 EL Butter /
Meersalz, eine Prise Koriander

Den Hafer über Nacht mit der doppelten Menge Wasser einweichen. Am nächsten Tag mit dem Einweichwasser aufsetzen, würzen und bei schwacher Hitze 45 Minuten kochen.

Eventuell 1/2 - 1 Tasse Wasser zufügen.

Mit Butter abschmecken.

Für 2-3 Personen / Zubereitungszeit: 50 Minuten

Haferauflauf mit Äpfeln

2 Tassen gekochter Hafer / 2 Äpfel, in Scheiben geschnitten /
1 mittlere Stange Lauch, in feine Ringe zerteilt /
50 g Rosinen / 100 g saure Sahne /
Meersalz, frisch gehackte Kräuter zum Garnieren

Den Lauch in wenig Salzwasser kurz dünsten oder in Butter sautieren. Zusammen mit dem gekochten Hafer und den übrigen Zutaten in eine gefettete Auflaufform geben und im Backofen bei mittlerer Hitze 20 Minuten backen. Vor dem Servieren einen Stich Butter zugeben und mit frischen Kräutern garnieren.

Für 3-4 Personen / Zubereitungszeit 35 Minuten

Haferschnitten

250 g feine Haferflocken / 1/4 l Wasser / 1/4 l Mineralwasser / 2 EL Sonnenblumenöl / 2 EL Sesamsaat / etwas Meersalz, Koriander, Muskat

Die Haferflocken mit Wasser, Öl und Gewürzen gut vermengen. Ein Backblech einfetten und die Masse etwa 2 cm dick darauf verteilen. Mit Sesamsaat bestreuen und im Backofen bei 200° C etwa 35-40 Minuten backen. In Schnitten schneiden. Zu eingemachtem Obst servieren

Für 4 Personen / Zubereitungszeit: 50 Minuten

Grünkernpfanne mit Tomaten

250 g Grünkern / 1/2 l Wasser / 2 Zwiebeln / 1 Zucchini (ca. 200 g) / 5 Tomaten / 2 EL Sonnenblumenöl / 1 EL Butter / Meersalz, Paprika, Majoran, frische Petersilie

Grünkern in Salzwasser aufsetzen und etwa 30-40 Minuten kochen. Zwiebeln in kleine Würfel schneiden, in heißem Öl glasig dünsten und dem gekochten Grünkern zugeben. Tomaten vierteln, Zucchini in Scheiben schneiden und in Butter 3-4 Minuten dünsten. Den mit Majoran und Paprika abgeschmeckten Grünkern in eine vorgewärmte Schüssel geben und vorsichtig das Gemüse unterheben. Mit frisch gehackter Petersilie bestreuen.

Mit grünem Salat servieren.

Für 4 Personen / Zubereitungszeit: 60 Minuten

Grünkern-Bratlinge

250 g Grünkern / 1/2 l Wasser oder Gemüsebrühe / 2 Zwiebeln / 5 EL Weizenvollkornmehl / 2 Eier / 2 EL Hefeflocken / 1 EL Butter / Öl zum Braten / Meersalz, Pfeffer, Basilikum, Oregano

Grünkern zusammen mit Basilikum und Oregano in Wasser oder Gemüsebrühe etwa 30-40 Minuten kochen. Die fein gewürfelten Zwiebeln in Butter glasig dünsten, zusammen mit den übrigen Zutaten dem gekochten Grünkern beigeben und gut durchkneten. Zu flachen Küchlein formen und in heißem Öl ausbacken. Mit Brokkoli und Sprossensalat servieren.

Für 4 Personen / Zubereitungszeit: 60 Minuten

Grünkernknödel

250 g Grünkernschrot / 1/2 l Gemüsebrühe / 2 Eier / 2 Lorbeerblätter / Meersalz, Majoran, Paprika edelsüß

Den frisch geschroteten Grünkern in der Gemüsebrühe mit etwas Salz und den Lorbeerblättern aufkochen. Auf kleiner Flamme 10 Minuten köcheln lassen. Vom Herd nehmen und etwas abkühlen lassen. Die Eier und die übrigen Gewürze zugeben.

Den Grünkernbrei mit angefeuchteten Händen zu Knödeln formen. Einen großen Topf mit Salzwasser zum Kochen bringen, die Knödel hineingeben und etwa 10 Minuten ziehen lassen, nicht mehr kochen. Mit Sauerkraut servieren.

Für 4 Personen / Zubereitungszeit: 40 Minuten

Grünkern-Möhren-Auflauf

500 g Grünkernschrot / 500 g Möhren / 250 g Zwiebeln / 2 Eier / 100 g saure Sahne / 2 EL Sesamöl / Meersalz, Pfeffer, Dill, Muskat

Den frisch geschroteten Grünkern mit etwas mehr als der doppelten Menge Wasser aufkochen und unter gelegentlichem Umrühren (Vorsicht, brennt leicht an!) etwa 25 Minuten schwach köcheln lassen. In einem separaten Topf die gewürfelten oder in Scheiben geschnittenen Möhren dämpfen oder in etwas Wasser 15 Minuten dünsten. Die Zwiebeln in Ringe schneiden und in einer Pfanne in Öl glasig dünsten. Grünkern, Möhren und Gewürze vermischen und in eine eingefettete Auflaufform geben. In einer kleinen Schale die Eier mit einer Gabel zerkleppern und darübergeben. Das Ganze mit saurer Sahne überdecken und als letztes die Zwiebelringe darauflegen.

Im Backofen 20 Minuten backen.

Für 6 bis 7 Personen / Zubereitungszeit: 35 Minuten
Backzeit: 20 Minuten

Maiskolben

2 frische Maiskolben / 2 EL Butter / 1/4 TL Meersalz / Zitronensaft

Von den Maiskolben die äußeren Blätter entfernen, die inneren weißen Blätter können mitgekocht werden. In kochendem Salzwasser die Kolben in 10-15 Minuten garen. Vor dem Servieren mit Butter bestreichen und mit Zitronensaft beträufeln.

Für 2 Personen / Zubereitungszeit: 20 Minuten

Maisauflauf mit Porree

200 g Maisgrieß / 3/4 l Wasser / 2 mittlere Stangen Porree / 3 Eier, zerkleppert / 150 g Emmentaler, gerieben / 1 EL Butter / Meersalz, Pfeffer, Muskat, Basilikum

Den Maisgrieß in Wasser aufkochen und auf kleiner Flamme 5 Minuten köcheln lassen. Vom Herd nehmen und 10 Minuten ausquellen lassen. Unterdessen den Lauch putzen und in Ringe schneiden. Den Maisbrei mit Lauch, Eiern, Käse und Gewürzen vermischen und in eine eingefettete Auflaufform geben. Im Backofen bei 200° C etwa 30 Minuten backen.

Für 4 bis 5 Personen / Zubereitungszeit: 20 Minuten / Backzeit: 30 Minuten

Cous Cous

1 Tasse Cous Cous / 3 Tassen Wasser /
2 kleine Stangen Lauch / 3 Möhren / 100 g Emmentaler /
1/2 Chilischote / Meersalz, Basilikum, Petersilie

Den Lauch gut waschen, der Länge nach halbieren und in feine Streifen schneiden. Die Möhren grob raspeln oder in feine Stifte schneiden. Cous Cous in einer Pfanne ohne Öl unter ständigem Rühren 3-4 Minuten rösten. In einem flachen Topf Wasser erhitzen und den Cous Cous einrühren und aufkochen. Das Gemüse zugeben, mit Meersalz und Basilikum würzen, die Chilischote darüberbröseln und gut vermischen. Auf kleiner Flamme 10-15 Minuten köcheln lassen. Den geriebenen Käse darübergeben und weitere 3 Minuten auf dem Feuer lassen. Mit gehackter Petersilie garnieren. Servieren mit Rettich- oder Gurkensalat.

Für 4 bis 5 Personen / Zubereitungszeit: 35 Minuten

Bulgur

1 Tasse Bulgur / 2 Tassen Wasser / 3 Tomaten /
1 grüne Paprikaschote / 1 EL Butter /
Meersalz, Oregano, Pfeffer

Tomaten vierteln. Paprikaschote zweiteilen, entkernen und in feine Streifen teilen. Bulgur in einer schweren Pfanne 3-4 Minuten rösten. Mit Wasser ablöschen, Gemüse und Gewürze zugcben und auf kleiner Flamme 20-25 Minuten kochen lassen. Mit etwas Butter abschmecken. Mit Rote Bete-Rohkost servieren.

Für 2 bis 3 Personen / Zubereitungszeit: 35 Minuten

Bulgur-Auflauf

2 Tassen Bulgur / 1 große Zwiebel, feingewürfelt /
3 EL Tahin oder Erdnußmus / 100 g Bergkäse, gerieben /
2 Eier, zerkleppert / 1 Tasse Milch / 1 EL Distelöl /
Meersalz, Chili, Basilikum, Petersilie

Bulgur trocken rösten und mit der eineinhalbfachen Menge Wasser ablöschen und auf kleiner Flamme 15 Minuten köcheln lassen. Unterdessen die feingewürfelte Zwiebel in heißem Öl sautieren. Eine Auflaufform mit Butter einfetten. Den gekochten Bulgur, Zwiebeln, Tahin, Eier, Milch und Gewürze miteinander mischen und hineingeben. Den geriebenen Käse darüberstreuen und im Backofen 20 Minuten backen. Mit Rohkost servieren.

Für 3 bis 4 Personen / Zubereitungszeit: 40 Minuten

Buchweizenpfannkuchen

150

750 g Buchweizenmehl / 0,2 l Wasser /
1/2 Tasse Mineralwasser / 1/2 TL Meersalz / Sonnenblumenöl

Das frischgemahlene Mehl in eine Schüssel geben, mit Wasser und Salz verquirlen und 15 Minuten quellen lassen. Das kohlensäurehaltige Mineralwasser unterrühren, es macht die Pfannkuchen locker. In einer kleinen Pfanne Öl erhitzen und jeweils 4 EL Teig zu einem Pfannkuchen ausbacken. Servieren mit Kräuterquark oder mit Ahornsirup und Apfelmark oder eingemachtem Obst.

Ergibt 6-7 Pfannkuchen / Zubereitungszeit: 30 Minuten

Buchweizennudeln (Soba)

250 g Soba / 1 Zwiebel, fein gehackt / 1 Möhre, fein geraspelt / 1 Paprikaschote, fein gewürfelt / 2 EL Sesamöl / Meersalz, Pfeffer, Petersilie

Einen Topf mit heißem Wasser zum Kochen bringen, 1/2 TL Salz zugeben und die Nudeln darin 7-9 Minuten kochen lassen. Unterdessen in heißem Öl das Gemüse etwa 5 Minuten sautieren, würzen, mit etwas Nudelkochwasser oder Gemüsebrühe ablöschen und weitere 5 Minuten dünsten. Evtl. mit Arrowroot andicken. Soba abgießen und unter kaltem Wasser abschrecken. Die Nudeln mit der Sauce servieren.

Für 2 Personen / Zubereitungszeit: 20 Minuten

Lauch-Spätzle-Auflauf

250 g Vollkornspätzle / 4 große Stangen Lauch / 500 g Tomaten / 1 Bd. Petersilie / 1 EL Butter / Meersalz, Pfeffer, Muskat, Koriander gemahlen, Semmelbrösel

Spätzle in Salzwasser 8-10 Minuten kochen. Lauch gut putzen, der Länge nach halbieren, in kleine Streifen schneiden und in Butter und wenig zugesetztem Wasser 6-8 Minuten dünsten. Auflaufform einfetten und schichtweise Nudeln, Lauch, Tomaten und Petersilie hineingeben. Jede Schicht etwas würzen. Mit einer Schicht Nudeln abschließen und mit Semmelbrösel bestreuen. Im Backofen 15-20 Minuten bei mittlerer Hitze backen.

Für 5 bis 6 Personen / Zubereitungszeit: 40 Minuten

Bandnudeln mit Spinat

500 g breite Vollkornbandnudeln / 750 g Spinat / 1 Zwiebel / 1 Eigelb / 200 g süße Sahne / 100 g Bergkäse / 1 EL Butter / Meersalz, Muskat

Die Nudeln in Salzwasser 8-10 Minuten kochen. Den Spinat gut waschen. Die feingewürfelte Zwiebel in Butter dünsten. Den Spinat und einer halbe Tasse Gemüsebrühe 10 Minuten dünsten. Die Nudeln absieben und mit kaltem Wasser abschrecken.

Nudeln und Spinat in eine flache feuerfeste Form geben. Die Sahne und das Eigelb cremig schlagen und darüber geben. Mit dem geriebenen Käse bestreuen und einer Prise Muskat abschmecken. Im vorgeheizten Backofen 6-8 Minuten erhitzen.

Für 4-5 Personen / Zubereitungszeit: 35 Minuten

Tagliatelle in Pestosauce

250 g Vollkorn-Tagliatelle / 1 Bd. frisches Basilikum / 2 EL Pinienkerne / 2 EL geriebener Parmesan / 0,2 l Olivenöl / Pfeffer, Meersalz

Die Nudeln in Salzwasser 8-10 Minuten kochen. Unterdessen Pinienkerne, Parmesan und Basilikum im Mixer pürieren, dabei nach und nach das Olivenöl zugeben, bis eine cremige Sauce entsteht. Mit Salz und Pfeffer abschmecken und über die heißen Nudeln geben.

Spaghetti in Tofusauce

500 g Vollkornspaghetti / 300 g Tofu /
1 große Zwiebel, feingewürfelt /
1 Paprikaschote, feingewürfelt /
4 Tomaten, in Scheiben geschnitten / 50 g Sahne /
2 EL Sonnenblumenöl / 1 Lorbeerblatt /
Meersalz, Pfeffer, Rosmarin, Petersilie

In einem Topf Spaghetti mit reichlich Wasser und einem halben Teelöffel Meersalz 8-10 Minuten kochen. Unterdessen Öl in einer Pfanne erhitzen und die Zwiebeln darin glasig dünsten. Tofu mit einer Gabel fein zerdrücken und zusammen mit Tomaten und Paprika den Zwiebeln zugeben. Mit etwas Salz, Pfeffer und Rosmarin würzen. Eine Tasse Nudelkochwasser zugeben und zugedeckt 10-15 Minuten auf kleiner Flamme kochen lassen. Sahne unterrühren. Vor dem Servieren mit der frisch gehackten Petersilie bestreuen. Mit grünem Salat servieren.

Für 4 bis 5 Personen / Zubereitungszeit: 35 Minuten

Variante: Geschmack mit 1-2 EL Tomatenmark verstärken.

Bohnen, Erbsen & Linsen

Etwas zu Unrecht sind in den letzten Jahrzehnten nahezu alle Hülsenfrüchte von unserem Speiseplan verschwunden oder zumindest in den Hintergrund gedrängt worden. Mit zunehmendem Wohlstand wurden die eiweißreichen Bohnen, Linsen und Erbsen durch andere, vorwiegend tierische Nahrungsmittel ersetzt. Die etwas schwer verdaulichen Hülsenfrüchte kamen aus der Mode, ja fielen fast in Vergessenheit. Da, wo sie heute noch geschätzt sind, werden aus ihnen köstliche Suppen und Eintopfgerichte zubereitet. Doch Hülsenfrüchte bieten uns weitaus mehr als das. Sie lassen sich darüber hinaus zu einer ganzen Reihe anderer vorzüglicher Speisen verarbeiten. Zunächst einmal können wir sie separat gekocht als Beilage zu Getreide oder Gemüse essen. Bohnen passen gut zu Mais; Linsen lassen sich mit Nudeln oder Reis kombinieren. Pürieren wir sie, so geben sie einen guten Grundstock für leckere Saucen und Suppen ab. Als Brei zerdrückt oder ebenfalls püriert lassen sie sich zu pikanten Pasten und Brotaufstrichen verarbeiten. Kalt können sie Salaten beigefügt werden. Und natürlich lassen sich aus allen Hülsenfrüchten knackige Sprossen und Keimlinge ziehen.

Entscheidend für die gute Verdaulichkeit von Hülsenfrüchten ist ihre richtige Zubereitung. Bohnen, Linsen und Erbsen enthalten eine relativ schwer verdauliche Stärkeart. Bei nicht sachgerechter Zubereitung rufen sie vor allem Blähungen hervor. Um sie bekömmlicher zu machen, kennen wir verschiedene Möglichkeiten. Einmal können wir ihnen während des Kochens etwas Apfelessig zusetzen. Während der letzten halben Stunde entnehmen wir 1/4 Tasse Kochwasser und ersetzen dieses durch 1/4 Tasse Essig. Das Essigaroma verkocht in den folgenden 30 Minuten, so daß die fertigen Bohnen nicht nach Essig schmecken. Die verdauungsfördernde Wirkung von Essig kann durch eine ganze Reihe von Gewürzen unterstützt werden. In erster Linie verwenden wir Cumin (Kreuzkümmel), Curcuma (Gelbwurz), Koriander, Rosmarin, Salbei, Petersilie, Knoblauch, Anis, Ingwer und Senfkörner. Einen Teil der Gewürze geben wir gleich bei Kochbeginn zu und würzen kurz bevor die Hülsenfrüchte gar sind mit denselben Gewürzen nochmals nach.

Eine andere verdauungsfördernde Kochmethode ist es, die Hülsenfrüchte zu Beginn des Kochens 10 bis 15 Minuten ohne Deckel kochen zu lassen bzw. im Dampfdrucktopf 1 bis 2 Minuten mit offenem Druckventil zu kochen. Man kann Bohnen und Erbsen auch kurz aufkochen, läßt sie dann abkühlen, bzw. spült sie mit kaltem Wasser durch und kocht sie anschließend gar. Generell gilt: Je öfter wir Hülsenfrüchte essen, desto mehr beginnt sich der Organismus an sie zu gewöhnen, um so bekömmlicher werden sie.

Hülsenfrüchte müssen vor deren Zubereitung gut verlesen werden. Bohnen und Linsen sind manchmal schlecht sortiert und können Verunreinigungen und kleine Steinchen enthalten. Alle Hülsenfrüchte werden grundsätzlich über Nacht eingeweicht. Wir geben die Bohnen und Erbsen in ausreichend Wasser, so daß sie möglichst viel davon aufnehmen können. Das Einweichen verkürzt die Kochzeit erheblich und spart damit gleichzeitig auch Energie. Zum Kochen geben wir auf eine Tasse eingeweichte Bohnen etwa 3 Tassen Wasser. Sojabohnen und Kichererbsen brauchen aufgrund ihrer enorm langen Garzeit etwas mehr Wasser. Nach kurzem Aufkochen kochen wir die Bohnen auf kleiner Temperatur weiter, bis sie gar sind. Bei voller Hitze brechen sie auf und werden im Geschmack wässrig. Meersalz geben wir erst zu, wenn die Bohnen bereits gar sind. Salz verlängert die Kochzeit.

Kochzeiten von Hülsenfrüchten

	reguläre Kochzeit	im Dampfdrucktopf	Verhältnis von Wasser zu Früchten
Aduki	1 Stunde	15 Minuten	3:1
Schwarze Bohnen	1 1/2-2 Std.	20 Minuten	4:1
Kichererbsen	2-3 Stunden	60 Minuten	3:1
Linsen	45-60 Minuten	10 Minuten	3:1
Limabohnen	1 Stunde	15 Minuten	2:1
gelbe und grüne Erbsen	1 1/2 Std.	15 Minuten	3:1
Nierenbohnen	1 1/2 Std.	20 Minuten	3:1
gelbe Sojabohnen	3-4 Std.	60 Minuten	4:1
Mungbohnen	1 Stunde	15 Minuten	3:1

Weiße Bohnenpfanne

2 Tassen weiße Bohnen, gekocht / 2 Zwiebeln / 4 Tomaten /
1/4 l Gemüsebrühe / 100 g saure Sahne /
1 EL Sonnenblumenöl / Meersalz, Pfeffer,
Cumin, Oregano, Chili, Petersilie

Die feingehackten Zwiebeln in heißem Öl 3-4 Minuten sautieren. Bohnen, gewürfelte Tomaten und Gewürze zugeben. Mit Gemüsebrühe ablöschen und 10 Minuten köcheln lassen. Saure Sahne unterrühren. Mit frisch gehackter Petersilie bestreuen.

Servieren mit Rote Bete Salat.

Für 4 Personen / Zubereitungszeit: 20 Minuten

Rote Bohnen mit Tofu

3 Tassen Kidney-Bohnen, über Nacht eingeweicht /
200 g Tofu / 1 kg Tomaten / 1 große Zwiebel /
2 Knoblauchzehen, feingehackt /
1/2 l Wasser oder Gemüsebrühe / 3 EL Sonnenblumenöl /
1 TL Cumin / Meersalz, Paprika, 1 Lorbeerblatt

In einer großen Pfanne das Öl erhitzen und darin die Zwiebeln, Knoblauch und den fein gewürfelten Tofu 4-5 Minuten sautieren. Die Bohnen, die geviertelten Tomaten und Gewürze zugeben und bedeckt auf kleiner Flamme eine gute Stunde kochen lassen. Mit Chicoréesalat servieren.

Für 6 bis 8 Personen / Zubereitungszeit: 70 Minuten

Rote Bohnen mit Kürbis

2 Tassen rote Bohnen (Kidney Beans), gekocht /
1 Stück Hokkaido-Kürbis (ca. 400 g) /
Meersalz, Pfeffer, Basilikum, Thymian

Den Kürbis schälen und in Würfel schneiden. In einen Topf geben und mit einer Tasse Gemüsebrühe oder Wasser 10-15 Minuten dünsten. Die gekochten Bohnen dazugeben, würzen und auf kleiner Flamme 10 Minuten weiter köcheln lassen.

Mit Apfel-Sellerie-Salat servieren.

Für 4 Personen / Zubereitungszeit: 35 Minuten

Marinierte rote Bohnen

2 Tassen rote Bohnen / 1 Lorbeerblatt / 1 Prise Koriander /
5 EL Olivenöl / 3 EL Apfelessig /
1/2 Bd. Petersilie, fein gehackt /
Meersalz, Pfeffer, Basilikum, Thymian

Die Bohnen über Nacht einweichen. Einweichwasser abgießen und mit der 3-fachen Menge kaltem Wasser zum Kochen aufsetzen. Lorbeerblatt und Koriander zugeben und auf kleiner Flamme eine gute Stunde kochen lassen. Die gekochten Bohnen in eine Schüssel geben. Aus Öl, Essig und Gewürzen eine Marinade rühren und über die Bohnen gießen. Kühl 1-2 Stunden ziehen lassen. Als Beilage zur Rohkostplatte servieren.

Für 3 Personen / Zubereitungszeit: 60 Minuten

Linsen mit Nudeln

250 g Linsen / 250 g Vollkornspätzle / 1 Zwiebel / 2 EL Butter / Meersalz, Pfeffer, Schnittlauch

Die Linsen über Nacht in Wasser einweichen. Mit der dreifachen Menge Wasser aufsetzen und 45 Minuten kochen. Die Nudeln in Salzwasser 8-10 Minuten kochen, abseihen und mit etwas kaltem Wasser abschrecken. Die feingehackte Zwiebel in einer großen Pfanne in Butter dünsten. Linsen und Nudeln zugeben und 3-4 Minuten braten. Mit frischgehacktem Schnittlauch bestreuen. Mit Endiviensalat servieren.

Für 5 Personen / Zubereitungszeit: 60 Minuten

Linseneintopf

250 g Linsen / 250 g Kartoffeln / 1 große Möhre / 1 kleine Sellerieknolle / 1 Zwiebel / 1 Stange Lauch / 2 Nelken / 1 Lorbeerblatt / Meersalz, Pfeffer, Muskat, Schnittlauch

Die über Nacht eingeweichten Linsen mit dem Einweichwasser und 1 1/2 l Wasser aufsetzen. Sellerie schälen, klein würfeln und mit der in Ringe geschnittenen Zwiebel, den Nelken und dem Lorbeerblatt den Linsen zugeben. Nach 30 Minuten die geschälten und gewürfelten Kartoffeln und Möhren sowie den in Ringe geschnittenen Lauch zugeben. Mit Salz und Pfeffer würzen und weitere 20 Minuten kochen lassen. Vor dem Servieren mit frisch gehacktem Schnittlauch bestreuen. Nach Belieben mit süßer Sahne abschmecken und mit Arrowroot andicken.

Für 5 bis 6 Personen / Zubereitungszeit: 60 Minuten

Linsen-Reis Bratlinge

1 Tasse Linsen, gekocht / 1 Tasse Rundkornreis, gekocht / 1 Zwiebel, feingehackt / 1 Ei / 2 EL Petersilie, feingehackt / 2 EL Vollkornmehl / Meersalz, Curcuma, Basilikum / Olivenöl zum Braten

Alle Zutaten miteinander gut verkneten, eventuell einige Eßlöffel Wasser oder Gemüsebrühe zugeben. In heißem Öl von beiden Seiten 5 Minuten knusprig braten. Mit Salat servieren.

Ergibt 4-5 Bratlinge / Zubereitungszeit: 20 Minuten

Linsen-Nuß-Auflauf

2 Tassen Linsen, gekocht / 1 Zwiebel, fein gewürfelt / 1 kleiner Staudensellerie (Variante: 1 Stange Porree) / 1 Knoblauchzehe, feingehackt / 1/2 Tasse Haferflocken / je 1/2 Tasse Walnußkerne und Mandeln, feingehackt / 3 Eier, zerkleppert / 1 TL Meersalz / 1/2 TL Basilikum / 1/2 TL Thymian / 1 Tasse Wasser

Zwiebeln, Knoblauch und den in 1 cm breite Stücke geschnittenen Sellerie in etwas Öl 6-8 Minuten sautieren. Mit den Linsen und den anderen Zutaten gut mischen. In eine eingefettete Auflaufform geben und 20 Minuten im Ofen bei mittlerer Hitze backen.

Für 4 bis 5 Personen / Zubereitungszeit: 20 Minuten
Backzeit: 20 Minuten

Variante: Vor dem Backen 2 gewürfelte Tomaten zugeben

Dhal

200 g braune Linsen / 1 große Zwiebel, feingehackt / 1-2 EL Sesamöl / 30 g frischen Ingwer, geraspelt / 1 TL Curry / Meersalz oder Sojasauce

Die Zwiebeln in heißem Öl glasig dünsten. Die über Nacht eingeweichten Linsen mit der 3-fachen Menge Wasser aufsetzen und zusammen mit den gedünsteten Zwiebeln 45 Minuten kochen.

Während der letzten 10 Minuten den geriebenen Ingwer zugeben. Mit Curry und Sojasauce abschmecken. Mit Alfalfasprossen garnieren. Als Sauce zu Naturreis servieren.

Für 4 Personen / Zubereitungszeit: 60 Minuten

Kichererbsen orientalisch

2 Tassen Kichererbsen, gekocht / 1/2 TL Curcuma / 1/2 TL Cumin / 1/2 TL Koriander / Saft einer halben Zitrone / 1 EL Butter / Meersalz, Muskat, Ingwer, frische Pfefferminze

Die Butter in einer Kasserolle auslassen und die Gewürze einrühren. Die gekochten Kichererbsen zugeben und 15 Minuten auf kleiner Flamme erhitzen. Mit Zitronensaft beträufeln und mit Minzeblättern garnieren. Mit Tofu und gedünstetem Chinakohl servieren.

Für 3 Personen / Zubereitungszeit: 20 Minuten

Kichererbsen-Backlinge

2 Tassen Kichererbsen, gekocht / 1 Scheibe altes Vollkornbrot / 1 Knoblauchzehe, gepreßt / 1 EL Vollkornmehl / Meersalz, Curcuma, Pfeffer

Die gekochten Kichererbsen im Mixer fein pürieren. Das zerbröselte Vollkornbrot und die Gewürze hinzufügen. Eine halbe Tasse Gemüsebrühe einrühren und gut mischen. Die Masse zu kleinen Küchlein formen und auf einem eingefetteten Backblech im Ofen bei 200° C etwa 30 Minuten ausbacken.

Mit Curry- und Tahinsauce servieren.

Für 3 Personen / Zubereitungszeit: 15 Minuten
Backzeit: 30 Minuten

Erbsenpüree

2 Tassen Erbsen, gekocht / 1 kleine Zwiebel, feingehackt / 1-2 EL Distelöl / Meersalz, Pfeffer, Muskat

Die gekochten Erbsen durch ein Passiersieb streichen oder im Mixer fein pürieren. Wahlweise die rohen oder in etwas Öl gedünsteten Zwiebeln dem Püree zugeben. Öl und eventuell auch etwas Gemüsebrühe unterrühren, um das Püree etwas sämiger zu machen. Mit Salz, Pfeffer und einer Prise Muskat abschmekken. Mit Gemüse und Tofu servieren.

Für 3 bis 4 Personen / Zubereitungszeit: 15 Minuten

Variante: Statt Erbsen rote oder schwarze Bohnen nehmen.

Sprossen & Keimlinge

In der Küche selbst gezogenes frisches Gemüse ist in unserer Kultur ein relativ neuer Bestandteil der Ernährung. Im alten China, in Ägypten und Mesopotamien gehörten verschiedene Sprossen und Keimlinge jedoch schon vor Jahrtausenden zu einem festen Bestandteil der Ernährung. Ihre Wiederentdeckung als wertvolle, hochkonzentrierte Nahrung liegt bei uns erst wenige Jahre zurück.

Alle Getreidekörner, Nüsse, Bohnen und andere Hülsenfrüchte sind Samen von Pflanzen, die keimfähig sind. Aus jedem Samen kann eine neue Pflanze entstehen. Im Innern eines jeden Samens befindet sich ein Keimling. Die Voraussetzungen zu seiner Entfaltung sind lediglich etwas Licht, Feuchtigkeit, eine bestimmte Temperatur und genügend Luftzirkulation. Vom Keimling werden diese Umwelteinflüsse assimiliert und zu einer hochkonzentrierten Nahrung umgewandelt.

Verglichen mit dem Samen selbst liegt der Nährwert von Sprossen in mancher Hinsicht um ein vielfaches höher. Sprossen sind überaus reich an Vitaminen und Mineralstoffen und enthalten auch kleine Mengen an hochwertigem Protein. Die im Samen enthaltene Stärke wird während des Keimvorgangs zu kalorienarmen Kohlenhydraten abgebaut. Sprossen sind zudem ausgesprochen fettarm. Sie sind damit die idealen Schlankmacher, die uns zugleich mit allen lebensnotwendigen Nährstoffen versorgen.

Sprossen sind außerdem äußerst preiswert. Ziehen wir sie selbst, sind sie billiger als jedes andere Gemüse. Sie sind gleichzeitig auch das frischeste Gemüse. Und was natürlich besonders wichtig ist : Sprossen und Keimlinge schmecken vorzüglich. Ihre Aufzucht ist keineswegs kompliziert. Es bedarf dazu lediglich einfacher Geräte. Eine halbe Stunde Pflege, über 3 Tage verteilt, ist dafür mehr als lohnend. Bei der Wahl der Samen sollten wir darauf achten, daß die Pflanzen, von denen sie stammen, ohne Schädlingsbekämpfungsmittel gezogen wurden und nicht zur besseren Lagerung vorbeugend mit Beizmitteln behandelt wurden. Der eigene Sprossengarten macht es uns so möglich, über biologisches, chemiefreies und absolut frisches Keimgemüse zu verfügen.

Noch ein Wort zum Giftgehalt von rohen Sojasprossen. Sojabohnen und andere getrocknete Hülsenfrüchte enthalten von Natur aus giftige Stoffe. Durch Kochen der Bohnen können diese Giftstoffe so gut wie vollständig abgebaut werden.

Zum Keimen von Sojasprossen werden nun bekanntlich die rohen, ungekochten Bohnen genommen. Während des Keimvorganges wird die Giftwirkung nur zum Teil abgebaut. Werden Sojasprossen regelmäßig genossen, so sollten sie kurz wärmebehandelt werden. Es empfiehlt sich, die Sprossen vor dem Verzehr 1-2 Minuten zu blanchieren, also mit kochendem Wasser zu überbrühen. Sie verlieren dadurch allerdings nicht nur ihre Giftwirkung, sondern auch einen erheblichen Teil ihres Vitamingehaltes und sind zudem nicht mehr so knackig. Ißt man Sojasprossen nur gelegentlich, so können sie auch roh gegessen werden.

Herstellung von Sojabohnensprossen

Sojabohnensprossen sind heute bei uns das bekannteste Sprossengemüse. Sprechen wir von Sojasprossen, so meinen wir in erster Linie den Keimling der etwas kleineren Mungbohne. Daneben lassen sich aus der gelben Sojabohne und der roten Adukibohne knackige Sprossen ziehen. In etwa 5 Tagen reift aus der

Bohne ein etwa 3 cm langer Keimling heran. Als Keimgerät können wir ein Biosnacky, eine Keimbox oder schlicht und einfach eine Schüssel verwenden - Sojasprossen sind sehr einfach zu ziehen. Die vielleicht zweckmäßigste Methode ist die Zucht in einem Einweckglas. Wir benötigen dazu außerdem ein Stück Fliegendraht (in Drogerien erhältlich) und einen Gummiring.

1. Tag: Wir waschen die Bohnen gründlich und sortieren eventuelle kleine Steinchen und andere Verunreinigungen aus.

Die Bohnen werden über Nacht, längstens jedoch 12 Stunden in Wasser eingeweicht. Für eine Tasse Bohnen benötigen wir 8 Tassen Einweichwasser. Steht ein Wasserfilter zur Verfügung, so empfiehlt es sich, gefiltertes Wasser zu nehmen.

2. Tag: Bohnen, die an der Wasseroberfläche schwimmen oder die sich nicht vollgesaugt haben, sortieren wir aus - sie sind nicht keimfähig. Nicht keimfähige Samen beginnen zu gären und zu faulen und können so das ganze Milieu der Sprossenzucht verderben. Wir geben die Bohnen nun in ein 1 1/2 Liter fassendes Einweckglas, bedecken die Öffnung mit Fliegendraht und verschließen es mit dem Gummiring. Das Glas stellen wir mit der Öffnung nach unten. Dabei unterlegen wir ein Holzbrettchen, so daß das Glas leicht schräg steht. Verbliebenes Tropfwasser kann nun herauslaufen und Sauerstoff kann hineinströmen.

2 bis 3 mal täglich spülen wir die Bohnen mit frischem Wasser durch, gießen das Wasser ab und bringen das Glas anschließend wieder mit der Öffnung nach unten in Schräglage.

3.-5. Tag: Ab dem dritten Tag zeigt sich bereits das Keimwunder. Die folgenden Tage bleibt an Arbeit nur das tägliche Durchspülen der Bohnen. Wir sollten uns dabei einen regelmäßigen Rhythmus angewöhnen: jeweils morgens, mittags und abends.

Das letzte Wässern sollte einige Stunden vor der Ernte durchgeführt werden. Trockene Sprossen sind schmackhafter als feuchte und sind zudem besser haltbar. Am 5., eventuell auch erst am 6. Tag sind die Sprossen erntereif. Sie haben nun eine Länge von 2-3 cm erreicht. Wir sollten die Sprossen möglichst frisch verarbeiten. Sie sind zwar gekühlt einige Tage haltbar, verlieren dabei jedoch etwas an Geschmack.

Der beschriebene Ablauf kann auf alle anderen Samen übertragen werden. Es differieren lediglich die Einweich- und Auskeimzeiten. Kleine Samen wie Kresse, Alfalfa und Senf brauchen weniger Wasser; größere wie Getreidekörner und Hülsenfrüchte sollten mehrmals täglich gewässert werden. Die folgende Tabelle will lediglich einige Anhaltspunkte geben, was für Sprossen und Keimlinge gezogen werden können. Natürlich lassen sich auch Sprossenmischungen ansetzen. Ein gelungener Sprossenmix setzt sich beispielsweise aus Sojasprossen, Alfalfa, Radieschen und Boxhornklee zusammen.

Keimtabelle

	Keimmethode	Einweichzeit	Wässern	Erntezeit	Länge d. Keimlings	Ertrag
Sojabohnen	Glas	12 Std.	2-4x tägl.	4-5 Tage	4 cm	1 Tasse ergibt 4-5 Tassen Sprossen
Alfalfa	Biosnacky	keine	1 x tägl.	3-5 Tage	3 cm	3 EL Samen ergeben 4 Tassen Sprossen
Kresse	Biosnacky	4 Std.	1 x tägl.	7 Tage	3 cm	1 EL Samen ergibt 1 1/2 Tassen Sprossen
Senf	Biosnacky	4-6 Std.	1x tägl.	5-7 Tage	3 cm	1 EL Samen ergibt 1 Tasse Sprossen
Sonnenblumenkerne	Glas	12 Std.	2x tägl.	1-2 Tage	5-8 mm	1 EL Kerne ergibt 2 Tassen Sprossen
Kichererbsen	Glas	12 Std.	2x tägl.	2-3 Tage	5-10 mm	1 Tasse Erbsen ergibt 3 Tassen Sprossen
Linsen	Glas	12 Std.	2x tägl.	3-6 Tage	3 cm	1 Tasse Linsen ergibt 6 Tassen Sprossen
Weizen	Glas	12 Std.	2x tägl.	3 Tage	1 cm	1 Tasse Getreide ergibt 2 1/2 Tassen Sprossen

Sojasprossen mit Tofu

*200 g Tofu / 1 Tasse Sojasprossen / 1 EL Sesamöl /
1 EL Sojasauce (Shoyu) / Pfeffer, Basilikum*

Tofu in 1-2 cm große Würfel schneiden und in heißem Öl 3-4 Minuten von allen Seiten knusprig braten. Mit Sojasauce, Pfeffer, Basilikum würzen. Pfanne vom Herd nehmen und die Sprossen zugeben. Nochmals kurz erhitzen, nicht kochen.

Mit Hirse servieren.

Für 2 Personen / Zubereitungszeit: 10 Minuten

Variante: Statt Tofu können auch frische Pilze verwendet werden.

Sojasprossen mit Naturreis

(1 Tasse Sojasprossen)

*2 Tassen Langkornreis, gekocht / 1 Zwiebel, feingewürfelt /
2 EL Butter / Meersalz, Curry*

Die Zwiebel in der ausgelassenen Butter glasig dünsten. Den gekochten Reis dazugeben, mit Salz und Curry würzen und 4-5 Minuten leicht anbraten. Die Sojasprossen vorsichtig unterheben und weitere 2 Minuten heiß halten. Servieren mit gemischtem Salat.

Für 3 Personen / Zubereitungszeit: 15 Minuten

Sojasprossen in Ingwersauce

200 g Sojasprossen / 40 g frischen Ingwer / 1 EL Butter / etwas Meersalz und Pfeffer

Den geriebenen Ingwer in der heißen Butter kurz sautieren. Die Sojasprossen dazugeben, mit Salz und Pfeffer abschmecken und eine Minute mitsautieren, so daß sie gerade heiß sind.

Mit Naturreis servieren.

Für 3 Personen / Zubereitungszeit: 10 Minuten

Sojasprossen-Lauch-Gemüse

1 Tasse Sojasprossen / 1 kleine Stange Lauch / 50 g Emmentaler / 1 EL Butter / etwas Meersalz

Den gut gewaschenen Lauch in Ringe von einem halben Zentimeter Dicke schneiden und in Butter auf kleiner Flamme 5-8 Minuten dünsten, eventuell etwas Wasser zugeben und salzen. Die Sojasprossen dazugeben, mit kleinen Käsestückchen bestreuen und bedeckt nochmals 3 Minuten schwach dünsten.

Mit Hirse und Tahinsauce servieren.

Für 2 Personen / Zubereitungszeit: 15 Minuten

Sojasprossen-Salat mit Früchten

200 g Sojasprossen / 1 Banane / 1 Mandarine / 1 Apfel / 1 EL Honig / 2 EL Wasser / 1 MS Zimt

Die Mandarinen in Schnitze zerteilen, die Banane in Scheiben schneiden, den Apfel entkernen und in feine Streifen schneiden. Die Früchte mit den Sojasprossen mischen. Den Honig in Wasser auflösen und darüberträufeln. Mit Zimt abschmecken und 20 Minuten ziehen lassen.

Für 3 Personen / Zubereitungszeit: 30 Minuten

Adukibohnen-Sprossen-Gemüse

2 Tassen Adukisprossen / 1 Gemüsezwiebel / 1 Lauchzwiebel / 1/4 Eisbergsalat / 1/2 TL Cumin / 1/2 TL Curcuma / 1/2 TL Koriander / 1 EL Sojasauce / 2 EL Olivenöl

Die Gemüsezwiebel grob würfeln und in heißem Öl andünsten. Die Lauchzwiebel in feine Ringe schneiden und dazugeben und 5 Minuten sautieren. Sprossen und Gewürze hinzufügen und weitere 2 Minuten sautieren. Die Pfanne vom Herd nehmen und den in feine Streifen geschnittenen Eisbergsalat untermischen.

Für 2 bis 3 Personen / Zubereitungszeit: 15 Minuten

Sprossensalat mit Avocado

1 Tasse Weizenkeimlinge / 1/2 Tasse Linsensprossen /
1/2 Tasse Alfalfasprossen / 1 Avocado /
1/2 TL Curry-Curcuma-Koriander-Mischung /
2 EL Haselnußkerne, gemahlen /
Saft einer halben Zitrone

Die Avocado schälen, entsteinen, in kleine Würfel schneiden und mit den Sprossen und Gewürzen vermischen.

Für 3-4 Personen / Zubereitungszeit: 10 Minuten

Sprossen mit Chinakohl

2 Tassen Sojasprossen / 1 Tasse Linsensprossen /
200 g Chinakohl / 1 große Zwiebel / 2 EL Sesamöl /
3 EL Sojasauce

Die Zwiebel in Scheiben schneiden und in heißem Sesamöl glasig dünsten. Den Chinakohl waschen, in feine Streifen schneiden, den Zwiebeln zugeben und 5 Minuten dünsten. Die Sprossen zugeben und 1-2 Minuten mitdünsten. Mit Sojasauce würzen.

Servieren mit Naturreis und Tahinsauce.

Für 4 Personen / Zubereitungszeit: 15 Minuten

Weizenkeimlinge mit Feldsalat

1 Tasse gekeimte Weizenkörner / 50 g Feldsalat / 50 g Schafskäse / 2 EL Distelöl / 1 EL Zitronensaft / etwas Meersalz

Den Feldsalat gut putzen und waschen, abtropfen lassen und mit den Weizenkeimlingen mischen. Schafskäse darüber bröseln. Aus Öl, Zitronensaft und Salz eine Sauce rühren und über den Salat geben.

Für 2 Personen / Zubereitungszeit: 20 Minuten

Weizenkeimlinge mit Chicorée

200 g Chicorée / 1 Tasse gekeimte Weizenkörner / 1 Apfelsine oder 2 Mandarinen / 2 EL Distelöl / Meersalz und ein Spritzer Zitronensaft

Den Chicorée in 1/2 cm dicke Ringe schneiden. Die Apfelsine in Schnitze zerteilen und diese in 2-3 kleine Stücke schneiden. Alle Zutaten miteinander vermischen.

Für 3 Personen / Zubereitungszeit: 10 Minuten

Gekeimter Dinkelsalat

2 Tassen gekeimte Dinkelkörner / 1/2 Tasse Alfalfasprossen / 50 g saure Sahne / 1 kleine Möhre, geraspelt / 1 kleine Petersilienwurzel, geraspelt / Meersalz, Zitronensaft, frische Minze

Die Dinkelkeimlinge mit den geraspelten Gemüsen mischen. Vorsichtig die Alfalfasprossen darunterheben. Saure Sahne darübergeben. Mit Salz und einem Spritzer Zitronensaft abschmekken und mit den Minzeblättern garnieren.

Für 2 bis 3 Personen / Zubereitungszeit: 15 Minuten

Tomatensalat mit Kresse

4 Tomaten / 3 EL Kresse / 1 kleine Lauchzwiebel / 2 EL Olivenöl / 1 EL Zitronensaft / Meersalz, Pfeffer, Majoran

Die Tomaten in Scheiben schneiden. Die Zwiebel fein würfeln, das Zwiebelgrün in feine Ringe schneiden. Aus Öl, Zitronensaft und den Gewürzen eine Sauce anrühren, über die Tomaten und Zwiebel geben und mit der Kresse bestreuen.

Für 2 Personen / Zubereitungszeit: 10 Minuten

Variante: Anstelle von Kresse eignen sich auch Senfsprossen (sehr pikant) oder Alfalfasprossen (sehr mild).

Reissprossensalat

1 Tasse Reissprossen / 1 halbe Gurke / 1 rote Paprikaschote / 1 kleine Zwiebel, feingehackt / 1 EL Kresse / 2 EL Sonnenblumenöl / 2 EL Weinessig / 1 TL Senf / Meersalz und schwarzer Pfeffer

Die Paprikaschote zweiteilen, entkernen und fein würfeln. Die Gurke in dünne Scheiben schneiden. Aus Öl, Essig und den Gewürzen eine Salatsauce anrühren und über das Gemüse geben. Reissprossen untermischen und mit Kresse garnieren.

Für 3 Personen / Zubereitungszeit: 15 Minuten

Tofu und Tempehspezialitäten

Die Sojabohne zählt zu den wertvollsten pflanzlichen Eiweißspendern. Als einzige Hülsenfrucht enthält sie alle 8 essentiellen Aminosäuren, die der Mensch in der Nahrung benötigt. Wie Fleisch, Fisch, Milch und Ei liefert die Sojabahne damit ein vollwertiges Protein.

Unter den zahlreichen Sojaprodukten ist Tofu bei uns am bekanntesten. Die ursprüngliche ostasiatische Spezialität ist von Konsistenz und Farbe her ein quarkähnliches Produkt. Es wird mit Hilfe eines Gerinnungsmittels aus der Sojamilch ausgefällt und anschließend zu einem festen Kuchen gepreßt. Der Eiweißanteil variiert je nach Art der Herstellung zwischen 8 und 12 %. Darüber hinaus ist Tofu reich an Vitaminen der B-Gruppe und Vitamin E sowie an Mineralstoffen und Spurenelementen.

Tofu enthält lediglich 4 % Fett, so gut wie keine Kohlenhydrate und ist von daher auch ein kalorienarmes Lebensmittel.

Für die Popularität von Tofu sind sicherlich mehrere Faktoren ausschlaggebend. Die Begeisterung für Tofu steht mit der generellen Neuorientierung zu anderen Formen der Ernährung in engem Zusammenhang. Die allmähliche Infragestellung der fleischzentrierten Ernährungsweise ist dabei nur ein Aspekt. Für viele ist ein nahrhaftes und vor allem wohlschmeckendes Menü ohne tierische Produkte kaum noch vorstellbar. Tofu macht diesen Verzicht leicht, obschon es vom Geschmack her kein Fleischersatz ist. Geschmack, Konsistenz und Farbe erinnern weder an Fleisch und Fisch noch an Eier und Käse. Und doch kann Tofu diese Dinge in so gut wie jedem Rezept ersetzen. Tofu ist damit das ideale Nahrungsmittel für Leute, die eine Schwäche für Fleisch haben, die aber aus den verschiedensten Gründen heraus den Verzehr tierischer Nahrung einschränken oder gänzlich aufgeben wollen.

Den rasanten Aufschwung verdankt Tofu letztlich seiner vielseitigen Verwendbarkeit. Tofu ist in der vegetarischen Küche universell einsetzbar. Es kann gebraten, fritiert, gegrillt, gekocht, gebacken und püriert werden. Tofu läßt sich mit Gemüse oder Getreide anrichten, als Salat zubereiten, auf Pizzas legen, als Füllung für Cannellonis oder als Brotaufstrich verwenden oder auch zu einer süßen Nachspeise bis hin zu einem delikaten Tofukäsekuchen verarbeiten. Reiner Tofu ist von sehr mildem, fast neutralem Geschmack. Er ist dadurch gleichzeitig für alle aromatischen Zusätze, mit denen er in Berührung kommt, aufnahmefähig. In dieser phantastischen Absorptionsfähigkeit liegt wohl eines seiner Geheimnisse beim Kochen begründet. Durch kreativen Umgang mit Gewürzen, Saucen, Kräutern und anderen Zutaten vermag der Koch mit Tofu jedes beliebige Rezept zu zaubern. Ob pikant würzig, süß oder sauer - Tofu kann in allen Variationen verwendet werden.

Tofu ist in erster Linie ein Frischprodukt - je frischer, desto besser. Beim Kauf eines vakuumverpackten Tofu ist immer auf das Haltbarkeitsdatum zu achten. Eine einmal angebrochene Packung ist im Kühlschrank bei sachgemäßer Lagerung bis zu 10 Tage haltbar. Legen Sie den Tofu in eine Schale und bedekken Sie ihn gänzlich mit Wasser. Das Wasser sollte jeden Tag gewechselt werden.

Neben Tofu erfreut sich in der letzten Zeit ein anderes Sojaprodukt wachsender Beliebtheit - Tempeh. Es ist ein traditionelles, fermentiertes Naturprodukt aus Sojabohnen, das ursprünglich in Indonesien beheimatet war und dort seit Jahrhunderten zu den wichtigsten Grundnahrungsmitteln zählt.

Tempeh wird mit Hilfe einer Pilzkultur aus ganzen Sojabohnen hergestellt. Es ist eines der wenigen fermentierten Sojaprodukte, das gänzlich ohne Salz produziert wird. Mit einem Eiweißanteil von etwa 20 % ist Tempeh überaus reich an hochwertigem Eiweiß und enthält auch Spuren von Vitamin B 12.

Tempeh läßt sich vielseitig zubereiten. Von seiner Struktur und Konsistenz her kann es überall an Stelle von Fleisch verwendet werden. In fingerdicken Scheiben in Öl gebratener oder fritierter Tempeh gehört zu den wohlschmeckendsten Sojagerichten, die wir kennen. Tempeh läßt sich ebenfalls panieren, backen, auf die Pizza legen oder, wie in Amerika üblich, als Tempeh-Burger anrichten.

Wie Tofu ist Tempeh ein Frischprodukt. Tempeh muß nicht pasteurisiert werden. Frischer Tempeh hält sich im Kühlschrank etwa 1-2 Wochen; tiefgekühlt ist er mehrere Monate lang haltbar. Nach einigen Tagen entstehen durch die natürliche Sporenbildung der Pilzkultur dunkle bis schwarze Punkte auf dem Tempeh. Die Qualität wird dadurch nicht beeinträchtigt.

Tofu Schnitzel

400 g Tofu / 1 Ei / 3 EL Vollkornpaniermehl / 2 EL Sojasauce / 2 EL Sesamöl / Pfeffer, Oregano, Zitrone

Tofu gut abtropfen lassen, in fingerdicke Scheiben schneiden, in einen flachen Teller legen und in Sojasauce, Pfeffer und Oregano kurz marinieren. Das Öl in einer Bratpfanne erhitzen, die Tofuscheiben in das zerklepperte Ei tunken, in Paniermehl wenden und von beiden Seiten 2-3 Minuten goldgelb backen. Mit Zitronenscheiben garnieren. Mit Naturreis und grünem Salat servieren.

Für 4 Personen / Zubereitungszeit: 15 Minuten

Curry Tofu

300 g Tofu / 2 EL Sojasauce / 1/2 TL Curry / 1 EL Sonnenblumenöl / Petersilie

Tofu gut abtropfen lassen, eventuell kurz in einem Tuch trokken tupfen. In 1 - 1 1/2 cm große Würfel schneiden. Das Öl in einer Bratpfanne erhitzen und die Tofuwürfel unter mehrmaligem Wenden goldgelb braten. Curry und Sojasauce zugeben und unter Rühren nochmals 1-2 Minuten braten. Mit frisch gehackter Petersilie bestreuen und mit Hirse servieren.

Für 3 Personen / Zubereitungszeit: 10 Minuten

Tofu mit Pilzen

400 g Tofu / 250 g frische Champignons / 1 große Zwiebel / 2 EL Sojasauce / 3 EL geriebener Käse / 2 EL Sesamöl / Meersalz, Pfeffer, Schnittlauch

Tofu abtropfen lassen, in 1 - 1 1/2 cm große Würfel schneiden. Champignons und Zwiebel in Scheiben schneiden. Öl in einer Pfanne erhitzen und darin die Tofustückchen von allen Seiten bräunen. Pilze und Zwiebeln zugeben und unter gelegentlichem Umrühren auf kleiner Flamme 5-8 Minuten sautieren. Sojasauce, Pfeffer und eventuell Meersalz zugeben und weitere 3 Minuten sautieren. Mit geriebenem Käse bestreuen und zugedeckt 2 Minuten ziehen lassen, bis der Käse geschmolzen ist. Vor dem Servieren mit frischem Schnittlauch bestreuen.

Servieren zu Vollkornnudeln oder Getreidegerichten.

Für 4 Personen / Zubereitungszeit: 25 Minuten

Tofu mit Rührei

200 g Tofu / 2 Eier / 1 EL Butter / Meersalz, Pfeffer, Majoran (1 Prise), frische Kräuter

Tofu mit einer Gabel zerdrücken, in heißer Butter 2-3 Minuten bräunen. Verquirlte Eier und Gewürze zugeben, gut umrühren und weitere 2-3 Minuten sautieren. Vor dem Servieren mit frisch gehackten Kräutern bestreuen. Mit getoastetem Vollkornbrot und Rohkost servieren.

Für 2 Personen / Zubereitungszeit: 15 Minuten

Tofu mit frischem Ingwer

200 g Tofu / 40 g frischer Ingwer, fein geraspelt / 1 Zwiebel, fein gewürfelt / 1 Chilischote, zerbröselt / 2 EL Sesamöl / 2 EL Sojasauce / 1/2 Bd. Petersilie

Zwiebeln, Ingwer und Chili in heißem Öl sautieren. Den in Scheiben geschnittenen Tofu hinzufügen und von beiden Seiten 3-4 Minuten braten. Sojasauce zugeben und eine weitere Minute köcheln lassen. Mit feingehackter Petersilie garnieren.

Servieren mit Reis oder Hirse.

Für 2 Personen / Zubereitungszeit: 15 Minuten

Tofu in Minzesauce

400 g Tofu / 100 g süße Sahne / 1 Bd. frische Pfefferminze / Meersalz und Pfeffer

Den Tofu-Block im Dämpfeinsatz 10 Minuten dämpfen. In einem Topf die Sahne erhitzen, aber nicht kochen. Die feingeschnittene Pfefferminze einrühren und mit Salz und Pfeffer abschmecken.

Über den in Scheiben geschnittenen Tofu gießen.

Mit Reis servieren.

Für 4 Personen / Zubereitungszeit: 15 Minuten

Tofu in Weinsauce

400 g Tofu / 4 EL Rot- oder Weißwein / 3 EL Sojasauce / 4 EL Olivenöl / Pfeffer

Tofu in 1 1/2 bis 2 cm große Würfel schneiden. In einer flachen Schüssel Wein und Sojasauce miteinander mischen und den Tofu darin etwa 20 Minuten marinieren. Mit Pfeffer und eventuell einer Prise Salz nachwürzen und in heißem Öl 5 Minuten ausbraten. Mit Reis oder Hirse servieren.

Für 4 Personen / Zubereitungszeit: 30 Minuten

Tofu-Nußbälle

200 g Tofu / 100 g Erdnußmus / 1 EL Ahornsirup oder Honig / 1/2 TL Zimt / Kokosflocken

In einer Schüssel den Tofu mit einer Gabel fein zerdrücken. Nach und nach das Erdnußmus zugeben. Mit Ahornsirup oder Honig und Zimt abschmecken. Zu kleinen tischtennisball-großen Bällchen formen und in Kokosflocken wälzen.

Als süße Nachspeise servieren.

Für 4 Personen / Zubereitungszeit: 15 Minuten

Knusper-Tempeh

125 g Tempeh / 1 TL Meersalz / 1/2 TL Koriander, gemahlen / 1/2 Tasse Wasser / Kokosfett zum Braten

Salz, Koriander und Wasser in einer kleinen Schüssel vermischen. Tempeh in dünne Streifen schneiden, in die Gewürzmischung eintauchen, abtropfen lassen und im Wok, in der Bratpfanne oder Friteuse in heißem Kokosfett 3-4 Minuten fritieren, bis er goldbraun ist. Sofort als Vorspeise servieren.

Für 2 Personen / Zubereitungszeit: 15 Minuten

Marinierter Tempeh mit Backkartoffeln

200 g Tempeh / 1 kg Kartoffeln / 4 EL Sojasauce / 2 EL Olivenöl / 1/2 TL Basilikum / etwas Meersalz

Tempeh in 1-2 cm große Würfel schneiden und in der Sojasauce etwa 10 Minuten marinieren. Unterdessen die rohen Kartoffeln gut waschen und mit Schale in 3-4 mm dicke Scheiben schneiden. Eine Kasserolle mit Olivenöl einfetten, die Kartoffelscheiben hineingeben und etwas salzen. Die Tempehwürfel obenauf verteilen. Mit Basilikum bestreuen und bei mittlerer Hitze 30 Minuten im Ofen backen. Mit grünem Salat servieren.

Für 4 bis 5 Personen / Zubereitungszeit: 20 Minuten / Backzeit: 30 Minuten

Tempeh-Stew

125 g Tempeh / 1/2 Tasse Sauerkraut / 1 TL Miso / 1 TL Senf / 1 Tasse Wasser / 3 EL Sesamöl

Tempeh in dünne Streifen schneiden. In heißem Öl knusprig braten. Das gebratene Tempeh aus der Pfanne nehmen und in einen Topf geben. Wasser, Miso, Senf und Sauerkraut zu einer Sauce rühren, über das Tempeh geben und bedeckt 10-15 Minuten köcheln lassen. Mit gekochter Hirse servieren.

Für 2 Personen / Zubereitungszeit: 30 Minuten

Tempeh-Burger

200 g Tempeh / 1/2 Tasse Naturreis, gekocht / 1 Zwiebel, fein gehackt / 1 Möhre, geraspelt / 1/2 Bd. Petersilie, fein gehackt / 1/2 TL Basilikum / Meersalz, Pfeffer, Majoran / Sesamöl zum Ausbacken

Tempeh mit einer Gabel gut zerdrücken. Mit den übrigen Zutaten vermischen, gut durchkneten. Zu Bällchen formen und zu Küchlein flach drücken. In heißem Öl von beiden Seiten 4-5 Minuten knusprig braten. Servieren zwischen getoasteten Sesambrötchen mit Salatblatt, Tomatenscheiben und Zwiebelringen.

Ergibt 4-5 Burger / Zubereitungszeit: 20 Minuten

Seitan -
die vegetarische Alternative

Wie so manche andere kulinarische Spezialität verdanken wir auch Seitan der erfindungsreichen ostasiatischen Küche. Seitan wird aus Weizen gewonnen.

Durch das Auswaschen der Stärke aus dem Weizenmehl erhält man eine klebrige, eiweißreiche Masse, die in Japan nach traditioneller Art und Weise mit Sojasauce, Sojamehl und Algen zum eigentlichen Seitan verarbeitet wird. Der Eiweißgehalt von Seitan beträgt mehr als 20 % und übertrifft damit selbst den eines Rinderfilets. Von daher bietet es sich geradezu als Ersatz für andere tierische Eiweißquellen an. In Geschmack und Konsistenz ist es dem Fleisch durchaus ähnlich und wird zurecht als „vegetarisches Steak“ angepriesen. Für jene, die den Geschmack von Fleisch nicht missen wollen, ist Seitan die vegetarische Alternative.

In dünne Scheiben geschnitten bietet sich Seitan vor allem zum Braten, Fritieren und Grillen an. Doch auch mit Gemüse gekocht oder in Suppen und Eintöpfen ist es eine willkommene Bereicherung. Fein geschnitten oder vermahlen gibt es auch eine gute Grundlage für Bratlinge und Gemüsefüllungen ab.

Für Kinder ist Seitan wegen des hohen Anteils von Tamari oftmals zu salzig, auch wenn sie es sehr gerne mögen. Um Seitan etwas milder zu machen, braucht es nur in Wasser etwas aufgekocht zu werden, so daß sich ein Teil der Sojasauce verliert.

Hausgemachter Seitan

2 kg Vollweizenmehl (für 800 - 900 g Seitan) / 1 1/2 l Wasser

Wir geben das Mehl in eine große Schüssel, gießen langsam das Wasser zu und kneten daraus 10 bis 15 Minuten lang einen Teig. Je länger wir kneten, desto höher wird der Ertrag. Der Teig wird dabei sehr klebrig. Um ein Ankleben zu verhindern, reiben wir die Hände mit etwas Öl ein.

Den fertig gekneteten Teig geben wir in die Schüssel zurück, drücken ihn etwas flach und bedecken ihn gänzlich mit Wasser. So lassen wir ihn mindestens eine halbe Stunde ruhen. Nun kneten wir den Teig behutsam in der Schüssel unter Wasser. Sobald sich Stärke aus dem Teig zu lösen beginnt, wird das Wasser milchig. Wir kneten solange weiter, bis das Wasser um den Teig herum dick und cremig ist. Das Stärkewasser schütten wir nun in eine zweite große Schüssel ab. Die weiße Stärke setzt sich bald am Boden der Schüssel ab; das Wasser darüber schütten wir weg. Wir bedecken die Schüssel mit einem Teller und stellen sie kühl. Die Weizenstärke hält sich im Kühlschrank etwa eine Woche. Wir können sie zum Andicken von Suppen und Saucen weiterverwenden. Wir setzen dem Teig in der Schüssel frisches Wasser zu und kneten wiederum, bis das Wasser milchig ist, und ersetzen dieses wieder durch frisches. Diesen Vorgang wiederholen wir mehrmals, bis sich das Wasser nur noch schwach mit Stärke färbt. Um das Auswaschen der Stärke zu beschleunigen, können wir die Schüssel während des Knetens auch unter fließendes Wasser stellen.

Wir nehmen den Teig nun aus der Schüssel heraus und spülen ihn unter fließendem Wasser durch, so daß sich die Kleie vom Teig zu lösen beginnt. Indem wir eine Schüssel unter den Wasserhahn stellen, können wir die Kleie auffangen und sie zum späteren Backen von Kleiebrötchen, Plätzchen u. a. weiterverwenden. Nachdem der größte Teil der Stärke und auch der Kleie ausgewaschen ist, haben wir eine gummiartige, elastische Masse vor uns - den Gluten. Um den Gluten etwas kompakter zu machen, können wir ihn etwa 1 bis 2 Stunden mit einem Gewicht beschweren, so daß noch etwas Wasser austritt.

In Japan wird aus Gluten durch den Zusatz von Gewürzen das sogenannte Seitan gewonnen:

3 Kombualgen, etwa 10 cm lang /
1/2 Tasse Tamari oder Shoyu /
einige dünne Scheiben frischer Ingwerwurzel

Kombu, Tamari und Ingwer sind in Japan die traditionellen Zutaten zur Seitanherstellung. Um einen verschiedenartigen Geschmack zu erzielen, kann Ingwer durch Zwiebeln, Lorbeerblätter, Knoblauch und andere Gewürze ersetzt werden. Die Menge an Algen und Tamari läßt sich entsprechend dem persönlichen Geschmack variieren.

In einem großen Topf erhitzen wir nun 4 bis 5 Liter Wasser, geben die Algen, Tamari und Ingwer zu und bringen das Ganze zum Kochen. Wir stellen sodann die Flamme klein, so daß die Brühe nur schwach köchelt, und geben schließlich den Gluten zu.

Wir können ihn im ganzen Stück hineingeben oder auch in 2 bis 3 cm dicke Scheiben schneiden. Wir lassen alles etwa eine Stunde schwach kochen - das fertige Endprodukt ist nun Seitan. Bedeckt mit einem Teil des Kochwassers ist Seitan im Kühlschrank etwa eine Woche haltbar.

Gebratener Seitan

4 Scheiben Seitan / 1 Zwiebel, in Halbmonde geschnitten / 2 EL Sesamöl

In heißem Öl den Seitan und die Zwiebeln 4 bis 5 Minuten braten. Mit Curryreis und Möhrenrohkost servieren.

Für 2 Personen / Zubereitungszeit: 10 Minuten

Fritierter Seitan

Seitan in Würfel schneiden und in heißem Kokosfett 3-4 Minuten fritieren. Mit Avokado-Dip und Rohkostplatte servieren.

Zubereitungszeit: 15 Minuten

Seitanragout

200 g Seitan / 1 kleiner Blumenkohl / 3 Möhren / 2 EL Cashewmus / 1 TL Miso / 1 EL Arrowroot / Meersalz, Rosmarin

Blumenkohl in große Röschen zerteilen, den Strunk in Stükke schneiden und zusammen mit den gewürfelten Möhren in etwas Wasser auf kleiner Flamme 10-15 Minuten dünsten. Seitanwürfel zugeben. Sauce mit etwas Arrowroot oder Stärke andikken und mit Cashewmus und etwas Miso abschmecken. Mit frisch gehackten Kräutern bestreuen. Mit Naturreis und Salat servieren.

Für 4 Personen / Zubereitungszeit: 25 Minuten

Seitan in Orangensauce

100 g Seitan / 1 EL Sesamöl / 1 TL Gerstenmiso / 4 EL Orangensaft, frisch gepreßt / 2 TL Orangenschalen

In einer schweren Pfanne das Öl erhitzen und den in Scheiben geschnittenen Seitan 1-2 Minuten sautieren. Auf einer Küchenreibe die Orangenschale fein raspeln. In einer kleinen Schale das Miso mit dem Orangensaft und einem TL Orangenschale vermischen. Seitan auf Tellern in 2 Portionen aufteilen, die Sauce darübergeben und mit den restlichen Orangenschalen garnieren.

Als Vorspeise servieren.

Für 2 Personen / Zubereitungszeit: 10 Minuten

Irish Stew

200 g Seitan / 200 g Zwiebeln, in Scheiben geschnitten / 1/2 Tasse Hirse / 3 Tassen Wasser / 1 EL Sesamöl / 1 EL Tahin / 1/2 Bd. Petersilie / Meersalz

In einer großen Pfanne das Öl erhitzen und die Zwiebeln darin glasig dünsten. Seitan zugeben und 2 Minuten sautieren.

Mit Wasser auffüllen, die Hirse einrühren und zum Kochen bringen. Tahin, Meersalz und die feingehackte Petersilie unterrühren und alles in eine Kasserolle geben. Im Ofen bei mittlerer Hitze 40 Minuten backen. Mit Gurken-Rettich-Salat servieren.

Für 3 Personen / Zubereitungszeit: 15 Minuten
Backzeit: 40 Minuten

Seitan mit Grünkohl

200 g Seitan / 250 g Grünkohl / 2 Zwiebeln / 1 Tasse Wasser / 1 EL Sonnenblumenöl / Meersalz, Basilikum

In heißem Öl die feingewürfelten Zwiebeln sautieren. Den in kleine Würfel geschnittenen Seitan dazugeben und 3-4 Minuten mitsautieren. Den gewaschenen und in grobe Streifen geschnittenen Grünkohl zugeben, würzen und mit einer Tasse Wasser ablöschen. Bedeckt auf kleiner Flamme etwa 20 Minuten dünsten.

Mit Kartoffelbrei servieren.

Für 3 bis 4 Personen / Zubereitungszeit: 35 Minuten

Seitan-Geschnetzeltes mit Fenchel

200 g Seitan / 1 Fenchelknolle / 100 g süße Sahne / 1 EL Butter / 1 EL Sojasauce / Pfeffer

Seitan in Streifen schneiden und in der ausgelassenen Butter 3-4 Minuten braten. Den in Streifen geschnittenen Fenchel zugeben, mit einer halben Tasse Wasser ablöschen und 8-10 Minuten dünsten. Sahne einrühren und mit Pfeffer und Sojasauce abschmecken.

Servieren zu Bandnudeln oder Naturreis.

Für 2 bis 3 Personen / Zubereitungszeit: 20 Minuten

Paprikaschoten mit Seitanfüllung

4 große Paprikaschoten / 1/2 Tasse gekochter Reis / 150 g Seitan / 1 Zwiebel, fein gehackt / 1 Ei / 2 EL Semmelbrösel / 1 EL Olivenöl / Petersilie, Muskat, Pfeffer, etwas Meersalz

Von den Paprikaschoten Deckel abschneiden und Kerngehäuse herausnehmen.

Zwiebel in etwas Öl glasig sautieren. Seitan durch einen Fleischwolf drehen oder ganz fein schneiden. In einer Schüssel Zwiebeln, Seitan, Reis und Gewürze gut mischen. Das Ei darüber schlagen, die Semmelbrösel zugeben und nochmals mischen. Die Füllung in die Paprikaschoten geben und in etwas Wasser 20-25 Minuten garen. Mit Backkartoffeln und Tomatensauce servieren.

Für 4 Personen / Zubereitungszeit: 40 Minuten

Variante: Statt Paprika große, ausgehöhlte Zwiebeln verwenden.

Suppen, Saucen & Dips

Hausgemachte Suppen und Saucen sind in den letzten Jahren von Instantprodukten nahezu vollständig verdrängt worden.

Mit unserer kleinen Auswahl an Suppen- und Saucenrezepten wollen wir zeigen, daß es auch anders geht. Vollwertige, naturbelassene Zutaten stehen so weit wie möglich im Vordergrund.

Als Brühe verwenden wir vorzugsweise Kochwasser von Getreide und Gemüse. Als Einlage eignet sich nahezu alles. Auch hier bedienen wir uns der ganzen Vielfalt der vegetarischen Küche. An Getreide wählen wir Reis, Gerste, Buchweizen, Grünkern und Teigwaren; vom Gemüse bieten sich Kartoffeln, Möhren, Lauch, Blumenkohl, Sellerie, Zwiebeln und grüne Bohnen an, daneben Wildgemüse wie Sauerampfer und junge Brennesselblätter. An Hülsenfrüchten verwenden wir Linsen, Bohnen, Erbsen und Kichererbsen. Zum Verfeinern und Abschmecken nehmen wir frische Kräuter, Butter, Sahne und Gewürze wie Muskat, Lorbeer, Curry und Hefeflocken. Binden läßt sich am besten mit Vollkornmehl, Buchweizenflocken, Kuzu, Arrowroot oder einfach, indem wir den Suppenstock pürieren.

Eine Suppe als Vorspeise sollte dünn sein; nehmen wir sie als Hauptgericht, so machen wir sie dickflüssiger. Suppen lassen sich übrigens gut aus Resten vom Vortag zubereiten. Ob frisch oder als Resteverwertung - an einer gelungenen Suppe läßt sich schnell ein guter Koch erkennen.

Dasselbe läßt sich auch von einer pikanten Sauce sagen. Eine dünne Sauce kann einmal ein Getreidegericht etwas sämiger machen; andererseits kann stark wasserhaltiges Gemüse durch eine dicke Sauce besser gebunden werden. Saucen sind zudem weitaus mehr als bloße Mehlschwitzen. Sie geben einem Menü oftmals den letzten Pfiff, bringen Abwechslung und tragen nicht zuletzt auch zur farblichen Gestaltung der Speisen bei. Was wäre beispielsweise ein Spaghettigericht ohne eine pikante Tomatensauce, Blumenkohl ohne eine weiße Bechamelsauce oder Naturreis ohne eine würzige Currysauce?

Dips sind eine relativ neue Bereicherung der vegetarischen Küche. Es sind saucenähnliche, zumeist etwas dickflüssige Cremes, die einem trockenen und fettarmen Gericht eine pikante Würze geben können. Dips wissen wir insbesondere für Tofu- und Tempehspezialitäten zu schätzen, sie passen auch gut zu Kartoffel- und Getreidegerichten.

Lauchcremesuppe

2 Stangen Lauch (ca. 400 g) / 1 EL Vollkornmehl / 1 EL Butter / 100 g süße Sahne / 1/2 l Wasser / Meersalz

Den geputzten, in Ringe geschnittenen Lauch in heißer Butter etwa 5 Minuten sautieren. Heißes Wasser hinzugeben, mit etwas Salz würzen und 10 Minuten schwach köcheln lassen. Den Lauch nun mit einer Lochkelle aus der Flüssigkeit heben und im Mixer oder mit dem Pürierstab pürieren. Die Sahne halb steif schlagen und mit dem Mehl sowie dem pürierten Lauch zurück in das in der Pfanne verbliebene Wasser einrühren.

Für 3 Personen / Zubereitungszeit: 25 Minuten

Kürbiscremesuppe

1 kg Hokkaido-Kürbis / 200 g Sahne / 0,7 l Wasser / 1 Bd. Schnittlauch, feingehackt / etwas Sojasauce

Den Kürbis schälen, in Würfel schneiden und 15 Minuten in Wasser kochen. Nach dem Kochen mit einer Gabel zerdrücken oder fein pürieren und nach Bedarf etwas Wasser zugeben. Die Sahne langsam in die nicht mehr kochende Suppe einrühren. Mit etwas Sojasauce würzen und mit feingehacktem Schnittlauch garnieren.

Für 4 bis 5 Personen / Zubereitungszeit: 25 Minuten

Sauerampfercremesuppe

20 Sauerampferblätter / 4 Kartoffeln (ca. 250 g) / 1 l Gemüsebrühe / 1 EL Butter / 100 g süße Sahne / Meersalz, Liebstöckel, Muskat

Die gewürfelten Kartoffeln und den feingeschnittenen Sauerampfer in der gewürzten Gemüsebrühe aufkochen und 10-15 Minuten köcheln lassen. Im Mixer pürieren. Butter und Sahne unterrühren. Mit einer Prise Muskat abschmecken.

Für 4 Personen / Zubereitungszeit: 25 Minuten

Möhrensuppe

500 g Möhren / 3 große Kartoffeln / 1/2 l Gemüsebrühe / 1/2 l Milch / Meersalz, Pfeffer, Petersilie

Die Möhren und Kartoffeln waschen und in kleine Würfel schneiden. In die Gemüsebrühe geben und in 10-15 Minuten garkochen. Etwa 3/4 des Gemüses mit dem Pürierstab fein pürieren. Mit den Gewürzen abschmecken. Die heiße Milch einrühren, das restliche Gemüse zugeben und nochmals kurz erhitzen.

Mit fein gehackter Petersilie garnieren.

Für 4 Personen / Zubereitungszeit: 40 Minuten

Zwiebelsuppe

600 g Zwiebeln / 1 l Gemüsebrühe / 3 EL Sonnenblumenöl / 2 Knoblauchzehen, fein gehackt oder gepreßt / 1 Bd. Petersilie / 150 g Emmentaler, gerieben / 2 Scheiben Vollkornbrot, trocken geröstet und gewürfelt

Die feingeschnittenen Zwiebeln und den Knoblauch in der Gemüsebrühe aufkochen und 4-5 Minuten köcheln lassen. In Portionsschalen abgießen, Brotwürfel und geriebenen Käse zugeben, mit der gehackten Petersilie bestreuen und im Backofen bei 200° C 6-8 Minuten überbacken. Mit einem Schuß Tamari würzen.

Für 4 Personen / Zubereitungszeit: 50 Minuten

Feine Kartoffelsuppe

400 g Kartoffeln / 1 große Zwiebel / 1 EL Butter / 3/4 l Gemüsebrühe oder Wasser / 1/4 l Milch / 100 g süße Sahne / 1 Bd. Schnittlauch / Meersalz, Oregano

Die Kartoffeln mit Schale in Wasser 25-30 Minuten kochen. Unterdessen die feingehackten Zwiebeln in Butter glasig dünsten. Die Kartoffeln schälen und im Mixer oder mit dem Pürierstab fein pürieren und die Milch hineinrühren. Die heiße Gemüsebrühe und die Zwiebeln einrühren. Die Sahne halb steif schlagen und vorsichtig in die Suppe geben. Mit Salz und Oregano abschmecken und den gehackten Schnittlauch darübergeben.

Für 4 bis 5 Personen / Zubereitungszeit: 35 Minuten

Kalte Tomatensuppe

1 kg Tomaten / 1 Bd. Petersilie / 2 Knoblauchzehen / 150 g süße Sahne, steif geschlagen / Meersalz, Pfeffer

Die Tomaten mit kochendem Wasser abbrühen, so daß sie sich leicht schälen lassen. Die geschälten Tomaten im Mixer oder mit dem Pürierstab pürieren und in eine Suppenschüssel geben. Knoblauch durch eine Presse geben, die Petersilie fein hacken und den Tomaten zugeben. Mit Salz und Pfeffer abschmecken.

Die Tomaten enthalten genug Flüssigkeit, so daß kein zusätzliches Wasser benötigt wird. Mit einer Sahnehaube servieren.

An heißen Sommertagen kalt servieren.

Für 4 Personen / Zubereitungszeit: 20 Minuten

Gelbe Erbsensuppe

1 Tasse gelbe Erbsen / 1 große Möhre / 1 kleine Sellerieknolle / 2 große Zwiebeln, fein gehackt / 1 Stange Lauch / 1/2 Lorbeerblatt / 1 Nelke / 1 TL Curcuma / Meersalz

Die Erbsen verlesen, waschen und mit der dreifachen Menge Wasser über Nacht einweichen. Das Gemüse, bis auf eine Zwiebel, putzen und schneiden und mit einem Liter Wasser den Erbsen zugeben. Nach 15 Minuten Kochzeit Lorbeer und Nelke zugeben. Weitere 45 Minuten kochen lassen. Curcuma und die in etwas Butter glasig gedünsteten Zwiebelwürfelchen einrühren.

Für 4 bis 5 Personen / Zubereitungszeit: 60 Minuten

Grüne Erbsensuppe

1 Tasse grüne Erbsen / 1 große Zwiebel / 2 kleine Möhren / 1 EL Butter / 100 g saure Sahne / Meersalz, Muskat, frische Kräuter

Die über Nacht in 4 Tassen Wasser eingeweichten Erbsen mit dem Einweichwasser eine gute Stunde kochen. In einer Pfanne die feingeschnittenen Zwiebeln und Möhren etwa 5 Minuten sautieren. Die gekochten Erbsen und das Gemüse im Mixer pürieren und nochmals kurz aufkochen. Saure Sahne unterrühren und mit frisch gehackten Kräutern bestreuen.

Für 3 Personen / Zubereitungszeit: 80 Minuten

Variante: mit gerösteten Vollkornbrotwürfeln bestreuen

Linsensuppe

250 g Linsen / 400 g Lauch / 10 g frischer Ingwer / 20 g frischer Meerrettich / 100 g Sahne / 0,7 l Wasser

Die Linsen waschen und in Wasser über Nacht einweichen. Am nächsten Tag mit dem Einweichwasser auf kleiner Flamme 45 Minuten kochen. Den Lauch in etwas Butter andünsten und nach 10 Minuten zu den Linsen geben. Auf der Küchenreibe den Ingwer und Meerrettich fein raspeln und der gegarten Suppe zugeben. Kurz vor dem Servieren mit etwas Sojasauce würzen und mit geschlagener Sahne abschmecken.

Für 3 bis 4 Personen / Zubereitungszeit: 60 Minuten

Misosuppe mit Tofuwürfeln

2 Streifen Wakame Algen (je 5 cm) / 1 kleine Stange Lauch / 2 EL Gerstenmiso / 100 g Tofu in Würfel geschnitten / 1 l Wasser / 1 TL Sesam, geröstet

Die Algen in etwas kaltem Wasser 5 Minuten einweichen. Herausnehmen, in dünne Streifen schneiden, zusammen mit dem in Ringe geschnittenen Lauch und dem Tofu in Wasser aufkochen und auf kleiner Flamme 8 bis 10 Minuten köcheln. Den Topf vom Feuer nehmen. Miso mit 2-3 EL Wasser sämig rühren, in die Suppe geben und 2-3 Minuten ausflocken lassen.

Mit frisch geröstetem Sesam garnieren.

Für 4 Personen / Zubereitungszeit: 20 Minuten

Grünkernschrotsuppe

150 g Grünkern, mittelfein geschrotet / 1 l Gemüsebrühe / 2 Eigelb / 50 g süße Sahne / Meersalz, Muskat, Majoran, frischer Schnittlauch

Den Grünkernschrot in der Gemüsebrühe aufkochen. Mit Salz und Majoran würzen und 10-15 Minuten schwach köcheln lassen. Topf vom Herd nehmen. Die Eigelbe mit der Sahne verquirlen und in die Suppe einrühren. Mit frisch geriebener Muskatnuß abschmecken. Den feingehackten Schnittlauch darübergeben.

Für 4 bis 5 Personen / Zubereitungszeit: 25 Minuten

Bechamelsauce

2 EL Butter / 3 EL Vollkornmehl / 1-2 Tassen Vollmilch / Meersalz, Pfeffer, Muskat

Die Butter in einer kleinen Pfanne auslassen. Das Mehl daruntergeben und auf kleiner Flamme langsam unter ständigem Rühren die Milch zugeben. Würzen und nochmals kurz erhitzen.

Servieren zu Blumenkohl, Möhren, Schwarzwurzeln und anderem Gemüse.

Zubereitungszeit: 10 Minuten

Currysauce

3 Kochäpfel in dünne Scheiben geschnitten / 3 Zwiebeln, gewürfelt / 1 EL Butter / 1/2 TL Meersalz / 1 EL Curry / 1 EL Vollkornmehl / 1/2 TL Ingwer, gemahlen / Muskatnuß

Die Zwiebeln und Äpfel in einer Pfanne in der ausgelassenen Butter sautieren, bis die Zwiebeln glasig sind. In den Mixer geben und ganz kurz pürieren. Die Gewürze und das Mehl zugeben, alles in die Pfanne zurückgeben und mit Wasser oder Gemüsebrühe zur gewünschten Dicke kochen. Zu Reis, Hirse, Tofu, Seitan, Tempeh servieren.

Zubereitungszeit: 15-20 Minuten

Tahinsauce

2 EL Tahin ohne Salz / 1 1/2 EL Sojasauce /
1/4 Tasse Wasser / 1/2 TL Zitronensaft

In einer kleinen Schale Tahin und Sojasauce vermengen. Eßlöffelweise das Wasser zugeben und dabei gut umrühren. Zum Schluß den Zitronensaft unterrühren. Zu Getreide, Gemüse und Tofu servieren.

Zubereitungszeit: 5 Minuten

Tomatensauce

250 g reife Tomaten / 1 EL Olivenöl / 50 g Sahne /
Meersalz, Pfeffer, Oregano

Die Tomaten mit heißem Wasser abbrühen und die Haut entfernen. Sodann mit einer Gabel fein zerdrücken und in Olivenöl kurz dünsten. Mit Salz, Pfeffer und Oregano würzen und die Sahne unterrühren. Zu Nudelgerichten, Reis oder Hirse servieren.

Zubereitungszeit: 10 Minuten

Grüne Sauce

100 g saure Sahne / 1 kleine Zwiebel, fein gewürfelt / 2 EL Distelöl / Saft einer halben Zitrone / 1 TL Senf / 1 Bd. frische Kräuter (mindestens 6 verschiedene Arten, z.B. Dill, Petersilie, Schnittlauch, Pimpinelle, Zitronenmelisse, Borretsch)

Die Kräuter fein wiegen und mit den übrigen Zutaten mischen. Servieren zu Pellkartoffeln, Spargel, Schwarzwurzeln.

Zubereitungszeit: 15 Minuten

Variante: 2 hartgekochte, gewürfelte Eier zugeben.

Nußsauce

1 EL Butter / 1 EL Mandel- oder Haselnußmus / 1 Tasse Wasser / 100 g süße Sahne / 4-5 Walnußkernhälften, gehackt / etwas Meersalz

In einem kleinen Pfännchen die Butter auslassen und das Nußmus unterrühren. Langsam mit einem Schneebesen das Wasser und die Sahne einrühren, die gehackten Walnüsse zugeben und heiß werden lassen. Sofort vom Herd nehmen und mit etwas Salz abschmecken. Eventuell mit etwas Vollkornmehl andicken. Zu Teigwaren, Reis, Seitan oder Tofu servieren.

Zubereitungszeit: 10 Minuten

Curry-Dip

200 g Sahnequark / 1 TL Curry /
1 TL Sojasauce (Shoyu)

Alle Zutaten miteinander verrühren. Eventuell 1-2 EL Wasser zugeben.

Zu Tofu, Tempeh und Reisgerichten servieren.

Zubereitungszeit: 5 Minuten

Roter Dip

200 g Sahnequark / 1 kleine Zwiebel / 2 EL Tomatenmark /
1/2 Bd. Petersilie / Meersalz, Paprika edelsüß, Oregano

Zwiebel und Petersilie fein schneiden. Alle Zutaten miteinander mischen.

Servieren zu Nudelgerichten, Reis, Hirse.

Zubereitungszeit: 10 Minuten

Zatziki

1 Salatgurke / 1 Zwiebel / 2 Knoblauchzehen / 200 g Joghurt natur / 200 g Sahnequark / 2 EL Olivenöl / Kräutersalz, Pfeffer, Oregano, Dill

Die Salatgurke mit der Schale auf der Küchenreibe fein raspeln.

Die Zwiebel und den Knoblauch fein hacken. Das Gemüse mit Joghurt, Quark und Gewürzen gut verrühren und 15-20 Minuten ziehen lassen. Servieren zu Rohkost, Pellkartoffeln, frischem Fladenbrot.

Zubereitungszeit: 15 Minuten

Ingwer-Sesam-Dip

1/2 Tasse Sojasauce (Shoyu) / 1 TL Zitronensaft / 1 TL geriebener frischer Ingwer oder Ingwerpulver / 1 TL Sesamöl / 2 TL Sesamsaat, geröstet und gemahlen / 1 Prise Cayennepfeffer

In einer schweren Pfanne den Sesam trocken rösten und in einem Mörser zerstoßen. In einer kleinen Schale den Sesam mit den übrigen Zutaten mischen. Zu Tofu und Tempeh servieren.

Zubereitungszeit: 10 Minuten

Tofu-Avocado-Dip

300 g Tofu / 1 reife Avocado / 2 EL Distelöl / 1/2 Bd. Petersilie / Meersalz, Pfeffer

Avocado in der Mitte teilen, den Kern herausnehmen, das Fruchtfleisch aus der Schale nehmen und zusammen mit dem Tofu in den Mixer geben oder mit einer Gabel fein zerdrücken und cremig rühren. Das Öl und die feingehackte Petersilie zugeben und mit Salz und Pfeffer abschmecken. Zu Reisgerichten und Rohkost servieren.

Zubereitungszeit: 10 Minuten

Linsen-Dip

1 Tasse Linsen, gekocht / 1 EL Tomatenmark / 1 Knoblauchzehe / 100 g Tofu / Meersalz, Pfeffer, Basilikum, Thymian

Alle Zutaten im Mixer pürieren. Eventuell ein paar Eßlöffel Gemüsebrühe oder Wasser hinzufügen.

Zu Getreidegerichten servieren.

Zubereitungszeit: 10 Minuten

Glossar

Aduki:	rote Bohnenart
Ahornsirup:	aus dem Saft des Ahornbaumes gewonnenes natürliches Süßmittel
Alfalfa:	dt. Luzerne. Besonders Vitamin C-haltige Sprosse
Arrowroot:	tropische, stärkehaltige Pflanze. Ist als pulverfeines Mehl erhältlich und eignet sich zum Binden von Suppen und Saucen
Buchweizen:	Knöterichgewächs, kein Getreide im eigentlichen Sinne, doch wie solches zu verwenden
Bulgur:	vorgekochter, grob geschroteter Weizen
Cous Cous:	aus Weizen gewonnenes Getreidegericht
Cumin:	dt. Kreuzkümmel. Im Orient weit verbreitetes Gewürz
Curcuma:	dt. Gelbwurz. Ingwerähnliche Pflanze. Wird als Gewürz verwendet, färbt alle Speisen in ein schönes Gelb
Dinkel:	Weizenart. Hauptverwendungszweck ist die Verarbeitung zu Grünkern
Gluten:	kleberhaltiges Weizeneiweiß
Gomasio:	Würzmittel aus geröstetem Sesam und Meersalz
Grünkern:	in der Milchreife geernteter Dinkel, der auf Holz- oder Ölfeuer gedarrt wird.

Grütze: in grobe Stücke geschrotetes Korn

Hefeflocken: auf Melasse oder Molke gezüchtete Hefestämme. Vitamin- und mineralstoffreiches Würzmittel

Hummous: aus Kichererbsenmehl und Tahin zubereiteter Brotaufstrich

Kardamom: tropische, schilfartige Staude, deren Samen als aromatisches Gewürz verwendet werden.

Kuzu: stärkereiches Bindemittel aus Japan. Findet auch als traditionelles Heilmittel Verwendung

Miso: aus Sojabohne, Getreide und Salz gewonnenes universelles Würzmittel

Mungbohne: grüne Bohnenart, wird in erster Linie zum Keimen verwendet

Polenta: Brei aus grob geschroteten Maiskörnern

Seitan: mit Tamari, Sojamehl, Algen und verschiedenen Gewürzen vermengtes Weizeneiweiß (Gluten)

Shoyu: Sojasauce aus Sojabohnen, Weizen und Meersalz

Soba: aus Buchweizenmehl hergestellte Nudeln

Tahin: Sesammus

Tamari: Sojasauce aus Sojabohnen und Meersalz

Tempeh: fermentiertes Sojaprodukt

Tofu: aus geronnener Sojamilch gewonnenes Universalmittel der vegetarischen Küche

Index

Adukibohnen-Sprossen-Gemüse ... 112
Apfel-Sellerie-Rohkost ... 40
Aprikosen-Dattel-Paste ... 31
Avocado-Creme ... 29

Bandnudeln mit Spinat ... 92
Bauernsalat, griechischer ... 37
Bechamelsauce ... 144
Beerenobst mit Sahne ... 45
Bengalische Reisplatte ... 80
Bircher-Müsli ... 22
Blumenkohl-Bratlinge ... 59
Blumenkohl-Nudelauflauf ... 58
Blumenkohl-Rohkost ... 39
Bohneneintopf, grüner ... 53
Brokkoli, gratiniert ... 64
Buchweizennudeln (Soba) ... 91
Buchweizenpfannkuchen ... 90
Bulgur ... 89
Bulgur-Auflauf ... 90

Carob-Nußmus ... 31
Chicorée in Senfsauce ... 38
Chicorée mit Mandarinen ... 37
Cous Cous ... 89
Curry Reis ... 78
Currysauce ... 144
Curry Tofu ... 121
Curry-Dip ... 147

Dhal ... 102
Dinkelsalat, gekeimt ... 115
Dip, roter ... 147

Endiviensalat ... 34
Erbsenpüree ... 103
Erbsensuppe, gelb ... 141
Erbsensuppe, grün ... 142

Feldsalat (Rapunzel) ... 34
Fenchel überbacken ... 57
Fenchelsalat mit Orangen ... 41
Frischkornbrei ... 21
Frisée mit Tomate ... 35
Fritierter Seitan ... 131
Frühlingsgemüse ... 52

Gebratener Seitan ... 131
Gefüllte Kohlrabi ... 57
Gefüllte Tomaten mit Reis ... 56
Gekeimter Dinkelsalat ... 115
Gekochter Naturreis ... 77
Gelbe Erbsensuppe ... 141
Gelber Reis mit Nüssen ... 78
Gemischter Salat ... 36

Gewürzkartoffeln 70
Gratinierter Brokkoli 64
Gratinierter Lauch 60
Griechischer Bauernsalat 37
Grüne Bohnen 53
Grüne Erbsensuppe 142
Grüne Sauce 146
Grüner Bohneneintopf 53
Grünkern-Bratlinge 86
Grünkern-Möhren-Auflauf ... 87
Grünkernknödel 86
Grünkernpaste 27
Grünkernpfanne 85
Grünkernschrotsuppe 143
Gurken-Rettich-Salat 38

Hafer natur 84
Haferauflauf mit Äpfeln 84
Haferschnitten 85
Hausgemachter Seitan 129
Hirse in Tomatensauce 83
Hirse mit Blumenkohl 83
Hirse natur 82
Hirse süß 82
Hummous 28

Ingwer-Sesam-Dip 148
Irish Stew 132

Kalte Tomatensuppe 141
Kartoffelpüree 69
Kartoffelsalat mit Minze 70
Kartoffelsuppe 140
Kichererbsen orientalisch ... 102
Kichererbsen-Backlinge 103
Knusper-Tempeh 125
Kohlrabi, gefüllt 57
Kräuterquark 26
Kürbis amerikanisch 67
Kürbis in Sahnesauce 66
Kürbiscremesuppe 138
Kürbissalat 42

Lauch gratiniert 60
Lauch-Spätzle-Auflauf 91
Lauchcremesuppe 138
Lauchgemüse mit Rosinen 59
Linsen mit Nudeln 100
Linsen-Dip 149
Linsen-Nuß-Auflauf 101
Linsen-Reis Bratlinge 101
Linseneintopf 100
Linsenpaste 27
Linsensuppe 142
Löwenzahnsalat 35

Maisauflauf mit Porree 88
Maiskolben 88
Mangold überbacken 61
Marinierte rote Bohnen 99
Marinierter Tempeh 125
Meeresgemüse 68
Melone mit Weintrauben 46
Milchreis 81

Miso-Tahin-Paste 28
Misosuppe mit Tofuwürfeln 143
Möhren in Honigwasser 63
Möhren mit Pastinaken 63
Möhrensalat 41
Möhrensuppe 139
Müsli à la Dornach 22

Naturreis, gekocht 77
Nußsauce 146

Paprikaschoten mit
Seitanfüllung 134
Pellkartoffeln mit Quark 69
Porridge 24

Radicchio-Salat 36
Rahmspinat 62
Rapunzel (Feldsalat) 34
Ratatouille 55
Reis, gelb mit Nüssen 78
Reisbällchen 79
Reisbratlinge 77
Reissalat 81
Reissprossensalat 116
Risotto 79
Rohkostplatte 42
Rosenkohl mit Maronen 65
Rote Bete-Salat 40
Rote Bete-Topf 64
Rote Bohnen mit Kürbis 99
Rote Bohnen mit Tofu 98
Rote Bohnen, mariniert 99
Roter Dip 147
Rotkraut mit Früchten 43
Rotkrautsalat 43

Salat, gemischter 36
Sanddornmilch mit
Weizenkeimen 21
Sauerampfercremesuppe 139
Sauerkrautauflauf 68
Sauerkrautsalat 44
Schmorgurke mit Kartoffeln . 54
Schwarzwurzeln 66
Seitan in Orangensauce 132
Seitan mit Grünkohl 133
Seitan, fritiert 131
Seitan, gebraten 131
Seitan, hausgemacht 129
Seitan-Geschnetzeltes
mit Fenchel 133
Seitanragout 131
Selleriesalat 39
Sellerieschnitzel 62
Sojapaste 30
Sojasprossen in Ingwersauce 111
Sojasprossen mit Naturreis . 110
Sojasprossen mit Tofu 110
Sojasprossen-Lauch-Gemüse 111
Sojasprossen-Salat
mit Früchten 112
Spaghetti in Tofusauce 93
Sprossen mit Chinakohl 113

Sprossenmüsli 23
Sprossensalat mit Avocado . 113
Süßer Getreidebrei 24

Tagliatelle in Pestosauce 92
Tahinsauce 145
Tempeh, mariniert 125
Tempeh-Burger 126
Tempeh-Stew 126
Thermo-Getreide 25
Tofu in Minzesauce 123
Tofu in Weinsauce 124
Tofu mit frischem Ingwer ... 123
Tofu mit Pilzen 122
Tofu mit Rührei 122
Tofu Schnitzel 121
Tofu-Aufstrich 29
Tofu-Avocado-Dip 149
Tofu-Eiaufstrich 30
Tofu-Nußbälle 124
Tomaten, gefüllt mit Reis 56
Tomatenquark 26
Tomatensalat mit Kresse 115
Tomatensauce 145
Tomatensuppe, kalt 141
Topinambur gebacken 71

Waldorfsalat 45
Weiße Bohnenpfanne 98
Weißkrautsalat 44
Weizengrieß mit Früchten 25
Weizenkeim-Müsli 23
Weizenkeimlinge
mit Chicorée 114
Weizenkeimlinge
mit Feldsalat 114
Winter-Fruchtsalat 46
Wirsing in Sahnesauce 65

Zatziki 148
Zucchinigemüse 52
Zwiebelsuppe 140

Die Autoren

Rolf Goetz, geboren 1950 im Schwarzwald, studierte Psychologie und Publizistik an der Freien Universität Berlin. Langjährige Mitarbeit in einem Berliner Naturkostladen und Lehrtätigkeit am Forum Berufsbildung Berlin. Er veröffentlichte verschiedene Bücher zum Thema gesunde Ernährung. Im pala-verlag erschienen sind: *Naturkost - ein praktischer Warenführer* (2 Bände) und *Andere Ernährung - ein Führer durch die alternativen Kostformen.*

Rolf Goetz lebt in Berlin und auf den Kanarischen Inseln.

Peter Queissert, geboren 1951 in Lüneburg, durchlief verschiedene Ausbildungen im technischen Bereich. Anschließend Mitarbeit in einem Berliner Naturkostladen. Zur Zeit Studium der Zahnmedizin an der Freien Universität Berlin.

Andere Bücher aus dem pala-verlag

Auf die Frage: »Was soll ich heute bloß kochen?« antwortet Irmela Erckenbrecht mit einer Einladung zu einem Erntespaziergang durch den Garten. Das Buch enthält fast zweihundert Rezepte zur leckeren Verwertung des Erntesegens.

Irmela Erckenbrecht:
Querbeet
Vegetarisch kochen rund ums Gartenjahr
ISBN: 3-89566-114-7

Ob als Suppe, Salat, Beilage, Hauptgericht, Kuchen oder Dessert, ob gefüllt, gebacken oder mariniert, ob herzhaft oder süß – der Verwendung frischer Zucchini in der vegetarischen Küche sind kaum Grenzen gesetzt.
Mit dieser Sammlung leckerer Rezepte können wir der Zucchinischwemme nicht nur mit Gelassenheit, sondern mit echter Vorfreude entgegensehen.
Mit Cartoons von Renate Alf

Irmela Erckenbrecht:
Zucchini – Ein Erste-Hilfe-Handbuch für die Ernteschwemme
ISBN: 3-89566-121-x

J. Grimm: **Vegetarisch grillen**
ISBN: 3-923176-80-5

J. Grimm: **Brotaufstriche**
ISBN: 3-923176-65-1

C. Gerras:
Rohkost
ISBN: 3-923176-59-7

E. Szilinski: **Das Suppenbuch**
ISBN: 3-923176-70-8

H. Walker: **Vollwertig kochen mit Pfiff – ohne tierisches Eiweiß**
ISBN: 3-923176-74-0

H. Walker: **Vollwertig backen mit Pfiff – ohne tierisches Eiweiß**
ISBN: 3-923176-79-1

H. Walker: **Vollwertige Süßspeisen mit Pfiff**
ISBN: 3-89566-101-5

H. Walker: **Schnelle Vollwertküche mit Pfiff**
ISBN: 3-89566-124-4

pala-verlag • Postfach 11 11 22 • 64226 Darmstadt